MEYER & DELJLAC.

BARONNE JAMES DE ROTHSCHILD

3778

SOUVENIRS
DE LA
GRANDE GUERRE
(1914-1918)

1927

L27 n 2699

SOUVENIRS
DE LA GRANDE GUERRE
(1914-1918)

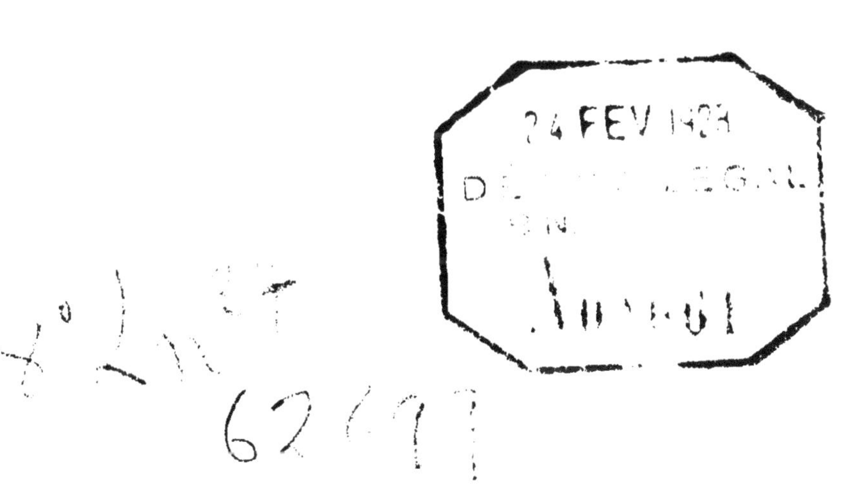

BARONNE JAMES DE ROTHSCHILD

SOUVENIRS

DE LA

GRANDE GUERRE

(1914-1918)

1927

INTRODUCTION

Quelques amis m'ont engagée à rédiger mes souvenirs touchant la grande guerre.

Je réponds à leur demande avec un empressement d'autant plus grand, que je trouverai ainsi l'occasion de rendre hommage aux rares mérites de cet admirable personnel du service de Santé Militaire et de la Croix-Rouge, de ces médecins et de ces infirmières, que j'ai vus, pendant ces années tragiques, dans les hôpitaux et les ambulances, prodiguer leurs soins à nos pauvres blessés avec un zèle et un dévouement inlassables.

On a, avec raison, écrit bien des volumes à la gloire des héros qui combattirent si vaillamment sur le front.

On me permettra de célébrer ici, d'une façon plus modeste, dans cet opuscule sans prétention, le courage admirable dont tant de blessés firent preuve dans les hôpitaux et les ambulances de l'arrière. Je voudrais que les lecteurs partageassent l'émotion que j'ai souvent éprouvée à la vue de tant de souffrances et aussi mon admiration pour les braves gens qui supportaient leur infortune avec une énergie si calme et si résignée.

C'est dans l'espoir de m'acquitter un peu envers eux d'une dette de reconnaissance, que je conduirai les amis qui voudront bien me lire dans les centres sanitaires que j'ai surtout fréquentés, à Gouvieux, à Dinard et à Berck-sur-Mer.

PREMIÈRE PARTIE

LES BLESSÉS MILITAIRES DANS MON HOPITAL DE GOUVIEUX

I

Les premiers temps de la guerre dans la région de Chantilly. — Transformation de mon hôpital de Gouvieux en hôpital militaire (aout-septembre 1914).

Au mois de juillet 1914, j'étais paisiblement installée à Chantilly, dans mon château des Fontaines, lorsque, à la fin de ce mois, qui avait été si chargé de menaces, la situation politique s'aggrava d'une façon inattendue et, malheureusement, irrémédiable.

Le 1er et le 2 août, les Allemands envahirent,

au mépris des traités, le Luxembourg et la Belgique. Le 3 août, l'Allemagne déclara la guerre à la France. En fait, les troupes allemandes avaient, depuis le 2 août, ouvert les hostilités sur le territoire français.

*
* *

Dans un ouvrage sur « La Grande Guerre »[1], mon fils, le Docteur Henri de Rothschild, a montré avec plus de détails que je ne saurais en donner ici, comment, « à partir du 26 août, les forces ennemies se ruèrent brusquement sur la France »[2]. — En quelques jours, les flots de l'invasion allemande couvrirent la plus grande partie de la région comprise entre la frontière du nord et Paris. Les ennemis, qui se croyaient sûrs de vaincre, marchaient sur la capitale avec une rapidité foudroyante. En même temps, par

1. *La Grande Guerre d'après la presse parisienne.* Recueil d'articles publié par le Dr Henri de Rothschild et L.G. Gourraigne, 3 vol., Paris, Hachette, 1915, 1916, etc.

2. *Id.*, *ibid.*, Introduction.

des actes de cruauté froidement prémédités, et exécutés avec une barbarie féroce, ils répandaient partout la terreur. A leur approche, les populations s'enfuyaient épouvantées.

Dans la petite ville de Chantilly, vers laquelle s'avançaient les armées allemandes, les habitants avaient pris la fuite. Le vide s'était fait dans ma demeure, car tous mes serviteurs français avaient été appelés sous les drapeaux. Seuls étaient restés quatre domestiques anglais un peu âgés, qui étaient, depuis de longues années, employés dans les écuries.

Je me bornerai à rappeler ici quelques incidents relatifs à cette période du début des hostilités, qui fut pour tous si pleine d'angoisses.

Isolée dans mon château des Fontaines, je partageais toutes les inquiétudes de mes concitoyens.

Dès que j'appris que les Allemands se rapprochaient rapidement de Chantilly, je fis emballer les objets d'art les plus précieux parmi ceux que j'avais réunis aux Fontaines. Une partie fut envoyée à Paris ; une autre fut mise en sûreté dans les caves du château. Finalement, j'eus le bonheur de conserver intacts ces objets auxquels je tenais beaucoup, car la plupart venaient de mon père, qui me les avait laissés en héritage ; ces œuvres d'art représentaient donc pour moi des souvenirs de famille auxquels j'étais fort attachée.

*
* *

Je relaterai ici un épisode qui montre comment les Allemands procédèrent quand ils envahirent la région de Chantilly.

En dehors de mon parc des Fontaines, dans une petite maison isolée, à quelque distance du château, habitait mon mécanicien, qui était chargé des travaux d'électricité.

Le 2 septembre, vers quatre heures du soir, sa belle-fille, qui revenait de faire une course à Chantilly, fut rejointe près du viaduc, à l'entrée d'un petit pont de bois qui donne accès dans ma propriété, par deux uhlans allemands. Après avoir échangé quelques mots avec elle, les cavaliers s'éloignèrent dans la direction du hameau de la Chaussée. Tout en longeant la rive droite de la Nonnette, ils observaient le terrain environnant. Mon mécanicien, qui était resté dans l'intérieur de sa maison, les aperçut ; mais il ne sortit pas. Le même jour, vers cinq heures du soir, il se trouvait encore chez lui, quand il vit une trentaine de cavaliers allemands, qui passaient sur la route, se dirigeant, eux aussi, vers la Chaussée. Quelques soldats entrèrent chez le mécanicien. Celui-ci, dans l'espoir de conjurer toute violence, leur offrit à boire. Mais les Allemands refusèrent cette offre et insistèrent pour se faire indiquer le chemin de Creil. Mon mécanicien, ne voulant pas servir de guide à l'ennemi, s'abstint de donner le renseignement demandé. Cependant, intimidé peut-être par des menaces, il consentit à faire quelques pas hors de sa maison. Les Allemands ne tardèrent pas, d'ailleurs, à s'éloigner et, en se retournant, dirent : « Nous savons que c'est là le château de la Baronne de Rothschild ». Cet incident n'eut pas, du reste, d'autres suites, et au bout de quelques instants, le mécanicien put rentrer chez lui sain et sauf.

*
* *

Combien nous parurent longues et lourdes ces tristes journées du début de la guerre, quand de vagues rumeurs, aussi inquiétantes qu'imprécises, nous apportaient à chaque heure, du front des opérations, les nouvelles les plus alarmantes.

*
* *

En prévision des grandes batailles qui semblaient imminentes, je m'étais décidée à mettre à la disposition de l'autorité militaire deux hôpitaux que je dirigeais depuis plusieurs années. L'un était établi à Berck-sur-Mer ; je parlerai plus longuement de cette maison à la fin de mon récit. L'autre avait été créé à Gouvieux, près de Chantilly, en 1891. Il était spécialement destiné aux habitants du pays. J'avais complété cette fondation par l'institution d'un dispensaire, qui était, comme l'hôpital, réservé exclusivement à la population, en général peu aisée, de Gouvieux.

Dès le début des hostilités, je fis aménager l'hôpital de Gouvieux en vue de recevoir des blessés. L'autorité militaire accepta l'offre que je lui fis de cette maison, qui reçut la dénomination d' « hôpital auxiliaire n° 33 ». Pendant toute la durée de la guerre, le nombre des lits fut de vingt-et-un.

Cinq religieuses de la Sagesse assuraient le service de mon hôpital, sous la direction de Sœur Sainte-Vincente, leur supérieure. Je ne saurais trop louer le dévouement de ces excellentes infirmières. Jour et nuit, pendant près de cinq années, elles se consacrèrent avec un zèle admirable aux soins des vingt-et-un blessés qui restèrent en permanence à l'hôpital.

Le service chirurgical de mon hôpital fut confié au docteur Ehrhart, qui, pendant toute la durée de la guerre, entoura les blessés des soins les plus éclairés et les plus assidus. Il fut secondé avec beaucoup de dévouement par le docteur

Vincent, qui était établi à Gouvieux, et qui y réside encore.

*
* *

A la fin du mois d'août et dans les premiers jours de septembre 1914, les armées allemandes, précipitant leur marche vers Paris, couvraient tout le pays qui s'étend entre Compiègne et Chantilly.

Cette petite ville, d'habitude si calme, était comme bouleversée de fond en comble par l'approche des envahisseurs. Partout, on faisait à la hâte des préparatifs, tant en vue de l'arrivée prochaine de l'ennemi que de la réception des blessés, que l'on s'attendait à voir bientôt remplir les hôpitaux et les ambulances de Chantilly. Pour leur assurer toutes les places nécessaires, on aménagea, sur le champ de courses, des baraquements destinés aux blessés les plus gravement atteints, dont on abrégerait ainsi le transport.

*
* *

Tandis que la municipalité prenait toutes les mesures nécessitées par la guerre, la population, affolée à bon droit par les crimes atroces que commettaient partout les ennemis, s'enfuyait vers la capitale. Bientôt les rares habitants qui étaient restés à Chantilly furent eux-mêmes invités par les autorités à évacuer la ville. La plupart d'entre eux se retirèrent. Mais les religieuses de mon hôpital de Gouvieux demeurèrent fidèlement à leur poste, malgré l'approche des troupes allemandes. Elles devaient, pendant toute la durée de la guerre, y rendre les plus signalés services, ainsi qu'on le verra par la suite de ce récit. Toujours, chez ces nobles femmes, le dévouement et le sentiment du devoir l'emportèrent sur l'impression de crainte qu'elles devaient si naturellement éprouver. Bien des incidents reviennent à ma mémoire, qui attestent le calme et le sang-froid de ces bonnes infirmières.

Un jour, alors que l'hôpital n'avait pas encore

reçu de blessés, la sœur supérieure se tenait devant la porte. Des soldats ennemis vinrent à passer. La religieuse leur dit qu'ils pouvaient, s'ils le désiraient, lui amener des blessés, et qu'elle les soignerait. — « Nous n'amènerons personne ici », répondirent-ils avec rudesse. Or, quelques instants plus tard, une petite charrette s'arrêtait devant l'hôpital. Elle portait trois blessés, une femme âgée d'une cinquantaine d'années, son fils, un garçon de dix-sept ans, et sa fille. Tous trois circulaient en voiture sur la route entre Chaumont et la Chaussée, quand ils avaient été assaillis à coups de fusil par des soldats allemands. Tombés sous les balles ennemies, ils avaient été transportés aussitôt dans mon hôpital de Gouvieux.

Le jeune garçon, atteint par une balle en plein cœur, mourut en arrivant à l'hôpital. Sa sœur était dans un état désespéré ; elle avait eu la poitrine traversée de gauche à droite par une balle allemande. Malgré les soins empressés que lui donna le docteur Vincent, elle mourut deux heures plus tard. La mère était moins grièvement blessée. Le docteur Vincent lui fit quelques points de suture dans le ventre ; elle se rétablit assez rapidement, et, au bout de quinze jours, étant heureusement guérie, elle put sortir de l'hôpital.

*
* *

Les soldats ennemis se répandirent dans le village de Gouvieux, et ils pénétrèrent dans quelques boutiques. Alors intervint d'une façon opportune le médecin de mon hôpital, le docteur Vincent. Alsacien d'origine, il parlait couramment l'allemand. Dès l'arrivée des envahisseurs à Gouvieux, il accompagna les soldats dans les rues et dans les magasins, afin d'empêcher tout acte de pillage. Les soldats allemands, surpris d'entendre parler leur langue, écoutèrent le docteur, et ils s'abstinrent de toute violence. C'est, en grande partie, au docteur Vincent que le village de Gouvieux a dû d'être épargné par l'ennemi.

Cependant, de nombreux incidents maintenaient la population dans de perpétuelles alertes. Un jour, on vint m'annoncer qu'une bombe était tombée à Gouvieux sur l'école maternelle. On ne savait d'où provenait le projectile, qui, par un heureux hasard, ne fit aucune victime. La bombe était tombée sur un mur qui s'écroula en partie. Les dommages causés à l'intérieur de l'école furent purement matériels.

II

Nos voisins de Senlis sous la ruée allemande.

Dans les journées du 31 août et du 1er septembre 1914, les troupes allemandes se ruèrent en masse sur la région de Senlis.

Je n'entreprendrai pas d'exposer ici dans tous leurs détails les scènes horribles dont la petite ville de Senlis fut alors le théâtre. Le lecteur en trouvera le récit dans une intéressante brochure qu'a publiée M. Loup Bertroz, directeur du *Courrier de l'Oise* [1]. J'emprunterai à cette publication émanant d'un témoin oculaire quelques traits essentiels, qui caractérisent nettement les procédés barbares de l'invasion allemande dans les pays voisins de Paris.

Le mardi 1er septembre, des combats s'enga-

1. « *Senlis pendant l'invasion allemande en 1914. Notes d'un Senlisien* », brochure publiée par M. Loup Bertroz, éditions du *Courrier de l'Oise*, Senlis.

gèrent dans les environs de Senlis entre l'avant-garde de von Kluck et une arrière-garde française qui protégeait un convoi de blessés et de munitions. Les Allemands, qui avaient mis une quinzaine de canons en batterie à Chamant, à trois kilomètres environ de Senlis, ouvrirent le feu sur la ville, et s'acharnèrent particulièrement contre la cathédrale. Cet édifice n'échappa que par miracle à ce sauvage bombardement. Le 2 septembre, dans l'après-midi, les ennemis entrèrent dans Senlis, qui avait été évacuée par nos troupes.

Dès leur arrivée dans la ville, ils se répandirent en violentes menaces contre les habitants, sous le prétexte qu'un guet-apens avait été préparé par eux contre les troupes allemandes. Ils paraissaient animés d'une colère furieuse, surtout contre un des plus notables citoyens de la ville, M. l'Abbé Dourlent, archiprêtre de Senlis.

Les Allemands accusaient cet ecclésiastique d'avoir caché des soldats et des armes dans le clocher de son église. Un jour, ils l'arrêtèrent brutalement dans la rue, et l'obligèrent à monter dans le clocher, où ils allaient, disaient-ils, faire une perquisition en sa présence. Le vénérable prêtre eut beau affirmer qu'on ne découvrirait dans les tours ni armes ni soldats ; les ennemis ne voulurent rien entendre, et ils se livrèrent à des recherches minutieuses, qui ne donnèrent d'ailleurs, aucun résultat. Fort désappointés, ils finirent par remettre en liberté leur prisonnier, qui, par une sorte de miracle, put échapper à la mort cruelle qui lui était réservée. Mais, à plusieurs reprises, l'abbé Dourlent dut comparaître devant l'état-major allemand, et fournir de nouvelles explications. Le curé de Senlis montra dans ces circonstances tragiques un sang-froid et un courage admirables. Il s'efforça, par tous les moyens dont il pouvait disposer, de sauver la municipalité, que les envahisseurs menaçaient de terribles représailles, et, en même temps la ville tout entière, que ces sauvages ennemis projetaient de détruire, prétendant qu'à Senlis, comme dans certaines villes belges, notamment à Louvain, des civils et des prêtres, confondus dans les mêmes bandes, avaient tiré sur les soldats allemands! On ne saurait trop admirer la ferme attitude et la noble résistance de M. l'abbé Dourlent, à qui les ennemis eux-mêmes ont rendu hommage.

Les courageux efforts de l'héroïque curé de Senlis restèrent malheureusement inutiles. On sait que les Allemands, en proie à une véritable folie furieuse, commirent des crimes atroces dans cette petite ville, qui ne leur avait opposé aucune résistance. Ils fusillèrent le maire, M. Eugène Odent, ainsi qu'une soixantaine d'habitants, et ils brûlèrent quatre-vingts maisons (2 septembre 1914). Toute la France s'est justement apitoyée sur le sort déplorable de cette malheureuse cité, qui a été à juste titre surnommée « le Louvain français ».

*
* *

Je ne puis pas écrire le nom de Senlis sans que ma mémoire évoque le souvenir d'un de mes vieux amis, monsieur Poirée. Agé de plus de quatre-vingts ans au moment de la déclaration de guerre, il habitait, en compagnie d'une vieille gouvernante, une petite maison, située au milieu d'un agréable jardin, sur la route de Senlis à Chantilly. Un jour, des soldats allemands entrèrent brusquement chez le vieillard, qui éprouva, à leur vue, beaucoup de surprise et encore plus d'effroi. Bien que monsieur Poirée leur eût déclaré qu'il leur donnerait ce qu'ils désiraient, les Allemands bouleversèrent la petite maison de fond en comble, et emportèrent tout le vin qu'ils trouvèrent, le linge et divers objets. Mon vieil ami ne parvint guère à sauver qu'un couvre-pied que je lui avais donné, et qu'il avait réussi à cacher. Enfin les pillards s'en allèrent, laissant le vieillard fort abattu. Sur la porte de la maison, ils écrivirent en allemand l'inscription suivante : « Ici demeure un vieux brave homme. » Quelque temps après cette scène de pillage, étant venue voir monsieur Poirée, je lus avec surprise les mots allemands écrits sur la porte, et je lui fis part de ma découverte. Il donna aussitôt à sa gouvernante l'ordre de les effacer; mais la vieille femme s'y refusa, objectant que, si les ennemis revenaient, cette inscription pourrait préserver la maison d'un nouveau pillage. Elle persista longtemps dans son idée, et ce ne fut qu'après la guerre que, sur ma demande, l'inscription allemande disparut.

III

Une visite a Noyon.

Je profitai un jour de quelques loisirs pour me rendre à Noyon, où j'avais des amis qu'avant la guerre j'allais parfois visiter.

Quand j'arrivai dans cette petite ville, que l'invasion allemande avait si cruellement éprouvée, j'eus grand peine à reconnaître les lieux qui m'étaient jadis familiers.

La malheureuse cité avait été en grande partie détruite par l'ennemi. La plupart des maisons n'étaient que des ruines, parmi lesquelles erraient tristement les anciens habitants, que cette destruction sauvage avait épouvantés et ruinés.

Je me hasardai à travers les décombres cherchant, le cœur navré, une petite maison qu'habitait autrefois la mère d'une de mes amies.

Hélas ! la jolie petite ville que je connaissais si bien avait presque entièrement disparu.

Je me rendis à la cathédrale, qui était, comme on le sait, un des plus beaux monuments religieux de cette région. La vieille église ne présentait plus que des ruines. Seule était restée debout une petite chapelle dans laquelle on célébrait encore les offices.

On eut cherché vainement dans cette ville dévastée un hôtel où l'on pût prendre un repas. Je me résignai donc à déjeuner dans ma voiture, de quelques provisions que j'avais eu la précaution d'emporter avec moi.

Une dernière fois, je jetai un regard désolé sur ces amas de pierres disjointes et de poutres calcinées, qui avaient été jadis la riante cité de Noyon, puis je repris tristement la route de Chantilly, maudissant du fond de mon cœur la guerre abominable qui avait accumulé dans notre pays tant de ruines et de deuils.

IV

Les Allemands a Chantilly (3 septembre 1914).

Les troupes ennemies occupèrent à peu près en même temps Senlis et Chantilly. Leur séjour dans cette dernière ville donna lieu à quelques incidents, parmi lesquels je relaterai ceux qui me semblent les plus intéressants et les plus curieux.

A l'approche des Allemands, les autorités locales avaient enjoint aux habitants d'apporter et de déposer à la mairie de Chantilly toutes les armes, sans exception, qui se trouvaient dans les habitations particulières. La population obéit, sans hésiter, à l'ordre donné.

Le 3 septembre 1914, les Allemands entrèrent dans Chantilly, sans rencontrer aucune résistance. Le maire, M. Vallon, se trouvait à la mairie, quand, vers neuf heures et demie du matin, on vint lui annoncer que des soldats anglais défilaient dans les rues. Fort étonné de cette nouvelle, il sortit aussitôt dans la cour de la mairie, pour se rendre compte de ce qui se passait. Il aperçut alors les casques à pointe qui caractérisent les armées d'Outre-Rhin, et il constata que c'étaient bien des soldats allemands qui traversaient la ville. Il fut immédiatement entouré par les ennemis. A leur tête était un officier, d'une taille élevée et de forte corpulence, qui avait le grade de major. — « Où est le maire »? demanda-t-il d'un ton menaçant. M. Vallon se nomma aussitôt, et l'officier allemand, qui parlait assez difficilement le français, continua, sans se départir du ton de la menace : « Dans les villes, on tire sur nos troupes. Vous êtes otage. Suivez-moi ! » Le maire, très calme, répondit que dans Chantilly, pas un coup de feu n'avait été tiré ; que, d'ailleurs toutes les armes avaient été déposées à la mairie, suivant l'ordre donné par les autorités, et qu'il était facile de s'assurer du fait. Par cette déclaration, le maire cherchait à aller au devant des prétextes dont l'ennemi s'était déjà servi dans certaines villes, notamment à Senlis, pour sévir durement contre les habitants. Aussitôt entouré par les soldats allemands, M. Vallon, encadré par le major et un capitaine, fut placé à la tête de la colonne, et celle-ci, suivant la rue du Connétable, se dirigea vers l'église. Madame Vallon était à une fenêtre ; elle vit passer son mari au milieu des soldats ennemis, et l'on peut facilement imaginer quelle émotion elle ressentit à ce spectacle. Les habitants de Chantilly, dans l'anxiété la plus vive, se demandaient quel allait être le sort de leur maire, pour qui ils éprouvaient la plus grande sympathie, jointe à un profond sentiment de respect.

Ces craintes devaient, heureusement, être bientôt dissipées. Après s'être assurés que les armes que possédaient les habitants avaient été déposées à la mairie de Chantilly, les Allemands mirent en liberté M. Vallon, qui put rentrer enfin chez lui.

Entrée sans résistance dans la ville, la colonne ennemie parcourut les principales rues de Chantilly. Arrivés à la hauteur de la statue du duc d'Aumale, les Allemands se portèrent vers la pelouse, puis ils se dirigèrent vers le château. Les conservateurs, MM. Macon et Berger, se tenaient derrière les grilles fermées ; ils reçurent l'ordre de les ouvrir.

Les officiers allemands s'installèrent sur la terrasse du pavillon d'Enghien ; puis ils firent un déjeuner plantureux. Ensuite, arrivèrent, avec un colonel à tête de reître et d'aspect très dur, d'autres soldats, qui furent mis au repos sur la pelouse, à l'ombre des tilleuls.

Des détachements ennemis pénétrèrent dans le magnifique château qu'habita jadis le duc d'Aumale. Quelques officiers et soldats couchèrent dans le château, dont on avait relevé le pont-levis. Ils firent même monter plusieurs chevaux dans les belles salles du premier étage. Le distingué conservateur, M. Macon, intervint alors, et il finit par faire comprendre au commandant des troupes allemandes que les chevaux seraient beaucoup mieux placés dans les écuries. Ce fut là, en effet, qu'on les conduisit finalement. Les salons du premier étage n'eurent pas d'autres hôtes qu'un certain nombre d'officiers et de soldats ennemis, qui y passèrent la nuit.

Quelques heures après l'arrivée de la colonne ennemie, M. Macon se trouvait sur la terrasse du château, en compagnie d'un officier allemand, lorsque, tout près d'eux, retentit un coup de fusil. « On a tiré », s'écria l'officier. « Qu'est-cela » ? Sans perdre son sang-froid, M. Macon répliqua : « C'est un braconnier ». Et comme l'officier ne comprenait pas ce mot, M. Macon lui en expliqua le sens. Il ajouta que toutes les armes avaient été enlevées aux habitants de la ville. L'officier ennemi se contenta de cette explication. En réalité c'était un soldat allemand qui, à cinquante mètres du château, avait tiré sur un lapin.

Dès leur arrivée à Chantilly, les soldats allemands s'étaient répandus dans la ville et avaient essayé de pénétrer dans quelques maisons, de préférence dans les boutiques des commerçants, où ils espéraient sans doute s'emparer de quelque butin. Quand ils trouvaient les portes fermées, ils s'empressaient de les enfoncer. Chez un bijoutier, dont j'allai quelques jours plus tard visiter le magasin, ils fracturèrent une porte vitrée et pénétrèrent dans la boutique. Mais là, ils ne se livrèrent à aucun pillage.

Pendant leur séjour à Chantilly, les ennemis imposèrent des réquisitions de paille pour les chevaux, et de vivres, en très grande quantité, pour les officiers. En outre, ils exigèrent quatre voitures attelées, ainsi que des conducteurs pour emporter la paille et pour amener les bagages d'un « grand quartier général » qui devait occuper le château, sous la garde de 3.000 hommes de troupe. Le bruit a couru plus tard qu'il s'agissait alors de l'installation éventuelle à Chantilly du prince Eitel, un des fils de l'empereur d'Allemagne. Mais brusquement, dans l'après-midi du 4 septembre, les Allemands évacuèrent Chantilly. Quelques patrouilles de leur cavalerie échangèrent des coups de feu avec des détachements français, en particulier dans l'avenue de la Gare. Pendant le combat, M. Vallon parcourut les rues de la ville, pour rassurer les habitants et faire rentrer dans les maisons les femmes et les enfants.

La ville de Chantilly conservera longtemps le reconnaissant souvenir des citoyens dévoués à qui elle a dû la préservation de ses habitants, de ses édifices et de son magnifique musée : à leur tête, le maire, M. Vallon, dont le sang-froid et le courage civique furent au-dessus de tout éloge, et, à ses côtés, MM. Balézeau et Vacquerel, adjoints, plusieurs membres du Conseil Municipal, le secrétaire de la mairie, M. Lefebvre, et aussi les conservateurs du musée Condé, MM. Macon et Elie Berger.

Peu de jours après le départ des Allemands, du 6 au 12 septembre, nos armées remportèrent la grande victoire de la Marne : les ennemis battirent en retraite vers le nord, et Chantilly n'eut plus à redouter l'invasion. Mais plus tard, au cours de la guerre, la ville eut fréquemment à souffrir des bombardements par avions. J'aurai l'occasion d'en parler plus loin.

V

Retour a Paris (aout 1914).

Quand les troupes allemandes s'étaient approchées de Chantilly, j'avais dû me décider à rentrer dans la capitale, en compagnie de ma fille, la baronne Leonino, que la déclaration de guerre avait surprise dans sa propriété de Mont Villargenne, à Chantilly.

*
* *

Paris avait vu apparaître les avions ennemis le 30 et le 31 août, puis le 1er et le 2 septembre 1914. C'était comme une avant-garde aérienne des armées d'invasion, en marche vers la capitale, où les Allemands comptaient faire bientôt une entrée triomphale.

Le 11 et le 27 septembre, le 2, le 11 et le 12 octobre, de nouvelles démonstrations par avions furent dirigées contre Paris ; mais, en dépit de ces menaces, le plus grand nombre de Parisiens gardaient tout leur sang-froid, et se montraient pleins de confiance. Les événements devaient leur donner raison, car Paris allait être bientôt délivré par la victoire de la Marne.

Malgré la belle attitude de la population, Paris présentait un aspect bien triste, quand nous y entrâmes, dans les premiers jours de septembre. Ce qui me causait la plus profonde impression de mélancolie, c'était le douloureux cortège, à travers les grandes voies parisiennes, de milliers de pauvres gens, originaires des départements du Nord, que l'invasion avait chassés de leurs demeures, et qui fuyaient devant l'ennemi, emportant avec eux les quelques meubles qu'ils avaient pu enlever à la hâte et charger sur des véhicules de toute sorte, où gisaient pêle-mêle des vieillards, des femmes et des enfants.

Quelque grandes que fussent nos angoisses, nous serions peut-être, ma fille et moi, restées dans la capitale, si nos parents n'avaient pas cru devoir insister pour me décider à chercher en province un asile plus sûr que mon hôtel de l'avenue Friedland. Nous résolûmes donc de partir pour Dinard, où se trouvaient déjà mon fils et quelques-uns de nos amis.

VI

Départ de Paris (2 septembre 1914). Séjour a Dinard (septembre-14 octobre 1914).

Comment dépeindre le trouble de notre départ précipité, dans la journée du 2 septembre 1914 ? Une foule considérable, littéralement affolée, encombrait la gare à Paris, et l'emplissait de tumulte. Avec mille difficultés, nous pûmes enfin trouver des places, grâce à la complaisance de quelques employés du chemin de fer. Alors, commença un long et pénible voyage, coupé par d'interminables arrêts, tantôt en pleine voie, tantôt dans de petites gares. Plusieurs fois, nous dûmes abandonner nos places et changer de wagon. Ce ne fut qu'après de longues heures que nous arrivâmes enfin à Dinard.

*
* *

Comme tant d'autres localités de France, la petite ville de Dinard avait été entièrement transformée par la guerre. La station balnéaire, élégante et mondaine, était devenue un centre sanitaire d'une grande importance. Tous les hôtels avaient été convertis en hôpitaux, vers lesquels les blessés affluaient de tous les points du front.

La ville, obscure et silencieuse, offrait un aspect funèbre, lorsque nous débarquâmes en pleine nuit, ma fille et moi, dans la petite gare, jadis si animée, quand retentissaient les éclats de rire et les chants de fête des joyeux baigneurs.

Nos amis nous attendaient à la descente du train. Ils nous conduisirent dans un hôtel où nous pûmes enfin goûter quelque repos.

Une vie toute nouvelle allait commencer pour ma fille et pour moi. En effet, dans la journée qui suivit notre arrivée, nous nous empressâmes de nous mettre à la disposition des autorités du service de Santé. On nous désigna un hôpital, où nous prîmes un service journalier. Sans porter ni le costume ni les insignes des infirmières, je m'occupais activement des blessés. Chaque matin, je me rendais à l'hôpital, où j'assistais aux pansements. Ensuite, je me tenais à la disposition des soldats que leurs blessures empêchaient d'écrire eux-mêmes à leur famille. Dans l'après-midi, je parcourais la ville, ou bien je me rendais dans les localites voisines, à Saint-Malo, Saint-Servan, Saint-Lunaire, pour acheter des provisions et des objets utiles pour les blessés. Ma fille suivait mon exemple. Par son intelligente activité et, plus encore, par sa bonté, elle avait promptement conquis les sympathies de tous. Quant à mon fils, il s'intéressait vivement à cette existence nouvelle, et il visitait régulièrement les hôpitaux, où sa compétence et son zèle étaient fort appréciés.

Peu de temps après notre arrivée à Dinard, je rencontrai une occasion assez inattendue de rendre quelques services à d'autres innocentes victimes de cette horrible guerre.

Sur l'initiative de mon éminent ami, monsieur le Professeur Letulle, une centaine de petits Parisiens avaient été envoyés à Dinard, où ils vivaient heureux d'avoir échappé aux bombardements, aux privations et aux angoisses de toute sorte que subissaient les habitants de la capitale. Ces enfants restèrent à Dinard du 16 septembre au 24 octobre 1914. Mais leur nombre et la durée de leur séjour soulevaient des difficultés d'ordre financier, dont la municipalité de Dinard, qui avait d'abord supporté toutes les dépenses, paraissait un peu effrayée. Après une entente avec le maire de Dinard, j'eus la joie de faciliter le séjour de mes petits concitoyens au bord de la mer, en me chargeant d'une partie des frais que la municipalité ne pouvait plus assumer elle seule. Les petits Parisiens furent enchantés de voir se prolonger leur séjour au bord de la mer, et je fus, de mon côté, fort heureuse de pouvoir leur être utile.

Nous restâmes à Dinard environ six semaines. Le 14 octobre 1914, nous rentrâmes à Paris, où la population qui, dans les heures les plus critipues, avait montré un sang-froid et même un courage admirables, respirait plus librement, depuis la belle victoire de nos armées sur la Marne.

Notre séjour à Paris fut, d'ailleurs, assez bref. Il nous fallut bientôt partir pour Londres, où nous attendaient avec impatience quelques personnes très chères de notre famille.

VII

Voyage en Angleterre. — Londres sous les bombardements aériens. — Visites a quelques hôpitaux anglais.

A Londres, comme à Paris, les avions allemands faisaient rage et terrifiaient la population par des bombardements à peu près quotidiens.

Dès mon arrivée, je pus visiter un grand hôpital qu'on achevait d'aménager. Je fus, dès l'abord, frappée de l'excellente tenue de cette maison. Des chambres d'une propreté parfaite, ornées de fleurs, abritaient un grand nombre de blessés. On comptait parmi eux des soldats allemands, qui étaient l'objet d'une surveillance particulièrement rigoureuse. Aucune personne ne pouvait pénétrer dans les salles qui leur étaient réservées. Il était défendu de leur apporter quoi que ce fût, et même de leur adresser la parole. Les portes étaient sévèrement gardées par des soldats anglais en armes. De bons soins étaient assurés à ces prisonniers blessés ; mais, comme de juste, leur isolement était complet.

*
* *

J'aurais voulu visiter en détail d'autres établissements sanitaires organisés par le gouvernement britannique et par l'initiative généreuse de quelques particuliers. Mais le temps passait rapidement auprès de nos parents et de mes petits-enfants, Nadine et Philippe de Rothschild, que j'avais retrouvés à Londres. D'autre part, nous désirions, ma fille et moi, revenir le plus tôt possible à Paris, où m'appelaient personnellement les obligations que je m'étais imposées. Nous quittâmes donc bientôt l'Angleterre, où je devais, d'ailleurs, revenir à diverses reprises, notamment à la fin de 1914, et, bien plus tard, au printemps de 1920.

Pendant ces voyages, quelque brefs qu'ils fussent, j'avais toujours l'esprit occupé de mes chers blessés, qui s'étonnaient sans doute de mon absence. Je savais qu'on m'attendait avec impatience à Gouvieux, et aussi à Berck-sur-Mer. Ce fut seulement vers la fin de la guerre, que je pus, comme on le verra dans les derniers chapitres, faire dans cet hôpital un séjour de quelque durée.

VIII

Comment fonctionna mon hôpital de Gouvieux dans les premiers temps de la guerre. — Séjour aux Fontaines en 1915.

Au mois de juin 1915, j'eus la satisfaction de m'installer de nouveau aux Fontaines, d'où m'avaient chassée les événements de 1914. Depuis le mois de juin jusqu'au mois de novembre 1915, je résidai sans interruption chez moi. Mon séjour se prolongea même, sauf de rares absences, jusqu'à la fin de l'année 1917. Je pus alors m'occuper activement de mon hôpital de Gouvieux.

Nos premiers hôtes furent quatre grands blessés, qui venaient des champs de bataille du Nord. Ils entrèrent à l'hôpital le 10 novembre 1914.

A partir du mois de janvier 1915, les convois de blessés nous arrivèrent très régulièrement. L'hôpital fonctionna dès lors d'une façon normale, et je m'efforçai, avec l'aide des bonnes sœurs, d'organiser les services en vue d'assurer à nos hôtes tout le confort possible.

Je m'étais fait une règle absolue de visiter chaque jour l'hôpital, d'assister régulièrement aux pansements ainsi qu'aux repas des blessés, de m'enquérir avec soin de tout ce qui pouvait intéresser mes pauvres soldats, enfin de les entourer d'affection, comme s'ils eussent été mes propres enfants.

*
* *

Outre la direction de mon hôpital et les visites quotidiennes aux blessés, j'avais à Chantilly des occupations multiples et très variées. Ainsi, je me rendais fréquemment à la gare, soit pour y prendre des paquets destinés à mes blessés, soit pour me tenir au courant du passage des trains militaires ou des convois sanitaires, alors si nombreux.

Ce fut dans ces circonstances que j'eus l'occasion de faire la connaissance de plusieurs officiers, que leur service retenait dans cette station devenue si importante, surtout depuis l'installation du Grand Quartier Général à Chantilly. C'est ainsi que j'entrai en relations avec un capitaine, le vicomte de Méré, qui était chargé, à la gare même, d'un service de surveillance. Il voulut bien se mettre courtoisement à ma disposition, et il me rendit de nombreux services. Les relations amicales que je nouai alors avec le capitaine de Méré devaient continuer après la guerre.

*
* *

Mes visites journalières à l'hôpital étaient pour moi pleines d'intérêt. J'admirais avec quelle patience les pauvres blessés se prêtaient aux nécessités du déshabillage et des premiers pansements... Quel bien-être ils éprouvaient à se sentir enfin en toute sûreté, étendus dans de bons lits ! Je veillais à ce que rien ne leur manquât. Dès les premiers temps, je pris des dispositions pour que chacun des blessés pût recevoir la visite des personnes qui lui étaient chères. Je fis venir à Gouvieux parents, femmes et enfants. Tous logeaient dans le village, et passaient la journée auprès de leurs blessés. Que de fois j'ai été témoin de scènes émouvantes ! Elles augmentaient encore ma pitié et mon affection pour mes soldats.

Je m'efforçais par tous les moyens de les réconforter et de les distraire. J'avais fait arranger une grande salle dans laquelle ils pouvaient lire et fumer. La moindre attention de ma part me valait des témoignages de reconnaissance dont le souvenir reste profondément gravé dans mon cœur.

*
* *

A nombre des grands blessés arrivés le 10 novembre 1914, figurait un pauvre soldat nommé Firmin Leminet. Il était atteint d'une double fracture de la colonne vertébrale, et il endurait d'atroces souffrances. Jour et nuit, il poussait des cris de douleur qui nous fendaient l'âme. Son agonie dura cinq mois ! Peu de jours avant que la mort vînt mettre un terme à son martyre, il exprima le désir d'avoir le Christ que la Supérieure portait sur ses vêtements.

Celle-ci lui fit comprendre qu'il lui était impossible de satisfaire à sa demande. Le blessé alors se tut, et parut réfléchir. Un jour, comme je visitais l'hôpital, il me dit, avec la simplicité d'un enfant : « J'ai demandé un Christ aux Sœurs, mais elles ne me l'ont pas donné. Je vous en supplie, donnez-moi, vous, madame, le Christ que je demande ». Très émue, je le lui promis, et dès le lendemain, le désir du pauvre blessé était satisfait. Il ne pouvait contenir sa joie. Il regardait son crucifix avec amour, et il répétait à chaque instant : « Comme madame la baronne est bonne, bonne comme une maman » ! Et comme on l'engageait à prier pour elle, il répondit : « J'offre mes prières et et mes souffrances à ses intentions. Je suis si heureux d'être dans son hôpital ! Si j'y étais venu plus tôt, maintenant je serais guéri. On est si bien ici » !

Chaque semaine, régulièrement, je venais visiter ce pauvre blessé, pour qui j'éprouvais une profonde pitié, et à qui je voulais me dévouer plus encore qu'aux autres. Je m'efforçais de le consoler, de l'encourager à la résignation. Je le suppliais de me faire part de tous ses désirs, afin que je pusse les satisfaire. Ma sollicitude touchait le cœur de ce malheureux, qui devenait ensuite plus calme et plus résigné. Durant sa longue agonie, il eut la consolation de voir trois fois ces vieux parents, que j'avais fait venir du fond du Cantal. Ce glorieux martyr mourut le 21 mars 1915, en édifiant par sa douceur tous ceux qui l'entouraient. A plusieurs reprises il me demanda pardon d'avoir tant crié, aux docteurs et aux Sœurs de s'être plaint, et de leur avoir causé des soucis. Il accomplit avec sérénité ses devoirs de chrétien, et il rendit son âme à Dieu en baisant son crucifix et en priant le Seigneur de bénir « sa chère bienfaitrice ». L'affection de tels héros était pour moi la meilleure et la plus douce des récompenses. Comment n'aurais-je pas été touchée des marques de sympathie que mes chers blessés n'ont jamais cessé de me prodiguer !

*
* *

L'année 1915 fut particulièrement pénible dans mon hôpital de Gouvieux. Nous reçûmes de nombreux blessés gravement atteints, et, aussi, de grands malades qui, nuit et jour, réclamaient les soins les plus assidus.

Nous eûmes ainsi à soigner un jeune Breton, qui avait été blessé à la tête, et qui, peu de temps après son arrivée, fut atteint d'une pneumonie double. La souffrance avait fait de lui un véritable fou furieux, et il fallait plusieurs personnes pour le maintenir sur son lit. Peu de malades nous causèrent autant de soucis. Je fis venir du Finistère le père et la mère de ce pauvre garçon, à qui la visite de ses parents procura un peu de calme et de réconfort. Enfin le malade fut sauvé, et il put quitter l'hôpital, plein de reconnaissance, ainsi que ses vieux parents, pour les personnes dévouées à qui il devait sa guérison.

D'autres blessés, non moins gravement atteints, se succédèrent à Gouvieux dans le courant de 1915. Je me souviens de deux soldats qui, au mois d'août de cette année, nous arrivèrent presque mourants. Après leur avoir prodigué, sans relâche, les soins les plus minutieux, nous eûmes la joie de les voir revenir doucement à la vie. Nos malades étaient enfin sauvées, mais au prix de quels efforts ! Souvent, j'avais dû, pour les soigner moi-même, revêtir la blouse d'infirmière.

Les religieuses étaient épuisées de fatigue. Pour leur procurer un peu de repos, je fis venir de Paris une infirmière supplémentaire, dont le concours fut grandement apprécié. Après son départ, les bonnes sœurs se remirent à l'œuvre avec une énergie admirable, sans jamais se plaindre de leur fatigue. Elles oubliaient toute leur peine, quand elles voyaient les blessés qu'elles avaient disputés à la mort revenir enfin à la vie. C'était là leur suprême consolation, leur plus grande joie. Mais que de regrets elles éprouvaient, quand arrivait pour les blessés guéris l'heure de quitter l'hôpital ! Moi aussi, j'étais émue de voir ces pauvres gens quitter ma maison pour aller affronter de nouveaux dangers. Je venais leur dire adieu ; et je leur faisais promettre de me donner de leurs nouvelles, et, quand ils passeraient par Paris, de venir me voir, avenue Friedland. Hélas ! beaucoup d'entre eux n'y sont jamais venus.

*
* *

Toutes les fois qué je le pouvais, je saisissais l'occasion de rompre par quelques petites distractions la monotonie et le dur labeur de nos rudes journées.

*
* *

Dès que l'hôpital avait commencer de fonctionner, j'avais décidé de célébrer, chaque année, par quelques réjouissances, les fêtes de Pâques, de Noël et du Jour de l'An. J'entendais que ces fêtes, toujours très modestes, eussent un caractère simplement familial. Elles devaient, dans ma pensée, concourir au but que nous voulions atteindre : non seulement rendre à nos chers blessés la santé physique, mais aussi relever leur force morale. Je voulais qu'aux jours de fête, l'hôpital devînt pour eux comme une demeure de famille, où, en dehors des règlements et des contraintes officielles, ils se sentiraient réconfortés par notre sympathie.

Ces réunions qui, jusqu'à la fin de la guerre, se renouvelèrent périodiquement, trois ou quatre fois par année, furent également utiles à nos blessés, à nos infirmières et à moi-même. Pour les blessés, elles n'étaient pas seulement une occasion de plaisir ; elles leur permettaient aussi de remplir à notre égard un devoir qui leur était cher, mais dont il ne leur était pas toujours facile de s'acquitter. Le plus simplement du monde, le vieil usage des compliments de Pâques et des souhaits pour la « bonne année » les autorisait à témoigner tout naturellement aux religieuses et à moi leur affectueuse reconnaissance. Combien ils étaient heureux d'entendre un camarade plus éloquent ou plus instruit qu'eux-mêmes, se faire l'interprète des sentiments de gratitude qu'au fond du cœur ils éprouvaient pour nous, sans pouvoir ou sans oser nous les exprimer !

Les religieuses, de leur côté, voyaient avec plaisir leurs pauvres blessés oublier pour quelques heures leurs préoccupations et leurs souffrances, et se livrer librement à des manifestations joyeuses. Elles étaient satisfaites aussi de pouvoir, en dehors des journées de service, qui leur laissaient si peu de loisir, se rapprocher plus familièrement des blessés, causer avec eux avec plus d'abandon. Quant à moi, je mettais à profit ces heures de détente qui nous faisaient paraître la vie moins rude et l'avenir moins sombre, pour féliciter mes chers blessés de l'énergie et de la résignation avec lesquelles ils supportaient leurs souffrances, pour exalter leur courage et faire luire à leurs yeux l'espérance de la victoire, qui mettrait fin à nos tourments, et qui rendrait la France libre, glorieuse et prospère. J'eus la satisfaction d'atteindre le but que je m'étais proposé, et de constater que nos petites fêtes de famille avaient pour premier et excellent résultat de resserrer entre nous, au grand avantage de tous, les liens d'une cordiale et franche sympathie.

*
* *

Les fêtes de Pâques, en 1915, furent donc l'occasion de quelques réjouissances pour nos blessés, à qui je distribuai des « œufs de Pâques », des cigares et de petits souvenirs. J'avais invité quelques-uns de leurs parents et de leurs amis à venir se distraire avec eux dans le jardin de l'hôpital. Ce fut un moment de répit, hélas ! trop court au milieu de nos travaux et de nos inquiétudes.

*
* *

Ces fêtes de Pâques 1915 rappellent à ma mémoire le souvenir d'un pauvre blessé, nommé Robillard, qui était originaire des pays envahis. Nous avions été frappées, les religieuses et moi, de la profonde tristesse de ce malheureux, qui souffrait cruellement d'avoir laissé sa femme et sa fille parmi les Allemands, et qui craignait de mourir sans les avoir revues. Par tous les moyens en mon pouvoir, je m'efforçais de le réconforter, causant familièrement avec lui, et l'engageant à me faire ses confidences. Un jour, il remit aux sœurs quelques souvenirs, qu'il les supplia de faire parvenir aux siens, dans le cas où il viendrait à mourir. Notamment, il tenait beaucoup à ce qu'un œuf de Pâques que je lui avais apporté, fût envoyé à sa petite fille. Après un séjour de quelques semaines à Gouvieux, il quitta l'hôpital pour retourner au front. Avant de partir, il insista vivement auprès des religieuses pour leur faire accepter une enveloppe sur laquelle il avait inscrit son nom et son adresse dans le département du Nord. Lui-même avait placé dans ses vêtements une autre enveloppe, qui portait l'adresse de l'hôpital de Gouvieux. « Si je suis tué, dit-il aux sœurs, mes camarades vous renverront cette enveloppe, pour vous annoncer ma mort. » Quelques jours plus tard, l'enveloppe nous fut remise à l'hôpital, et nous apprîmes avec une peine bien vive que le pauvre Robillard venait d'être tué dans un combat au Mesnil-les-Hurlus.

Les religieuses s'empressèrent de faire parvenir, comme elles l'avaient promis, à la femme et à la fille de ce malheureux, les souvenirs qu'il leur avait laissés pour les siens.

*
* *

Au mois d'octobre 1915, l'autorité militaire envoya de Bourges à l'hôpital de Gouvieux un instituteur de Chantilly, le soldat Filsoie, qui nous arriva dans un état lamentable : il avait le bassin perforé, une double fracture de la cuisse gauche, et il souffrait, en outre, de six fistules purulentes. Je me pris de pitié et, aussi d'affection pour ce malheureux, qui endurait de terribles souffrances avec un courage admirable. Je lui fis donner des soins particuliers. Plus tard, le pauvre Filsoie fut, à mon grand regret, transféré à l'hôpital Necker, où je continuai à le visiter régulièrement. Mais malgré les soins dévoués qui lui furent prodigués, le malheureux succomba après deux ans d'atroces souffrances. Le corps de ce pauvre instituteur-soldat repose maintenant dans le cimetière de Chantilly.

*
* *

Les mois de novembre et de décembre 1915 furent marqués par l'arrivée de nouveaux blessés à l'hôpital de Gouvieux.

IX

La baronne Henri de Rothschild aux hôpitaux du front.

Établie à Chantilly, je pouvais, sans trop de difficultés, me tenir en relations avec mes enfants, notamment avec ma belle-fille, la baronne Henri de Rothschild, qui, pendant quelque temps, dirigea un hôpital installé dans le château d'Aumont, entre Senlis et Creil, que M. de Camondo avait généreusement mis à la disposition de l'armée.

On me permettra de rendre hommage en quelques mots à l'activité et au dévouement avec lesquels ma chère belle-fille, la baronne Henri de Rothschild, se consacra au service des blessés.

Le dispensaire Henri de Rothschild, que mon fils avait fondé à Paris, rue Marcadet, avait été transformé, dès le début des hostilités, en

« hôpital auxilliaire 78 ». Les blessés y affluèrent rapidement, et la maison devint un centre sanitaire considérable, dont la direction exigeait autant de savoir que d'activité.

Ma belle-fille, désireuse, comme tant d'autres jeunes femmes du monde, de consacrer tous ses soins aux blessés de guerre, avait voulu posséder toute la compétence nécessaire, avant d'aborder les fonctions d'infirmière, si nouvelles pour elle. A cet effet, elle s'était astreinte à faire des stages dans divers hôpitaux.

Tout d'abord, elle avait été attachée à l'hôpital de « l'Ambrine » à Issy-les-Moulineaux. Là, elle avait pu se rendre compte des cures admirables dues au traitement par l'ambrine, préconisé par le docteur Barthe de Sandfort[1]. En quelques jours, de grands brûlés, amenés du front avec des blessures horribles, qui leur causaient d'atroces souffrances, étaient radicalement guéris par ce traitement, que l'on peut, sans exagération, qualifier de « merveilleux »[1].

1. Le Dr Henri de Rothschild étudia le perfectionnement possible du traitement des brûlures par l'ambrine,

Sur les instances de l'infirmière, le sous-secrétaire d'État au service de Santé militaire, M. Justin Godart, vint visiter les brûlés soignés par l'ambrine, et convaincu de l'excellence du traitement, il chargea Mme Henri de Rothschild d'installer à Compiègne un hôpital spécialement destiné aux brûlés. Le ministre laissait à ma belle-fille toute latitude pour le choix de ses collaboratrices et l'organisation de la maison.

Le 20 avril 1917, le nouvel hôpital, agréé par le G. Q. G., fut installé à Compiègne, rue de la Sous-Préfecture, dans la maison de l'Assomption des Petites Sœurs des Pauvres. Les cinquante lits que possédait, au début, le nouvel établissement, montèrent, au bout d'un mois, à deux cent cinquante, qui furent placés dans

et fut chargé de propager la nouvelle méthode dans les hôpitaux et ambulances de l'armée. Voir Dr Henri de Rothschild : *Le traitement des brûlures par la méthode cirique (pansement à l'ambrine). Conférences faites à MM. les Médecins-majors des formations sanitaires des armées (Mission du G. Q. G.)*, Paris, 1918, et *Traité des brûlures*, Paris, in-4°.

l'Orangerie de Compiègne. C'est là que l'hôpital resta jusqu'au mois de mars 1918, date à laquelle les bombardements par les avions allemands nécessitèrent l'évacuation de Compiègne. Cette opération se fit dans des conditions vraiment dramatiques, tandis que la population s'enfuyait affolée à travers la forêt, et que les bombes tombaient à deux reprises, le même jour, sur l'hôpital, heureusement désert. Après un répit nécessaire de trois semaines à Meaux, l'hôpital s'installa au château d'Aumont, et il y resta jusqu'à la fin des hostilités. La baronne Henri de Rothschild qui avait dirigé avec une belle énergie l'évacuation et la réorganisation de l'hôpital, reçut, en récompense de ses bons services, la Croix de Guerre et le ruban de Chevalier de la Légion d'Honneur.

Quand j'écrivais ces lignes, par lesquelles j'entendais rendre justice aux qualités brillantes de ma belle-fille, j'étais bien loin de penser que la Baronne Henri de Rothschild ne les lirait jamais. Hélas ! dans le courant du mois d'août 1926, un mal soudain et implacable a enlevé ma pauvre belle-fille à l'affection de son mari, de ses enfants, de tous les siens, et à la reconnaissance des malheureux, qui étaient l'objet de sa constante sollicitude. Nous pleurons celle qu'une mort prématurée nous a si brusquement ravie. Son souvenir restera à jamais gravé dans nos cœurs.

X

La fin de 1915 et le début de 1916 a Gouvieux.

Au commencement de l'hiver 1915-1916, je rentrai à Paris. Mais chaque semaine, je vins régulièrement à Gouvieux, visiter les soldats et les religieuses.

Les fêtes de Noël 1915 trouvèrent mon hôpital au grand complet. Les pauvres soldats reçurent avec une joie débordante comme de véritables enfants, les cadeaux que je leur apportai. Ils furent surtout sensibles, au don d'un phonographe, qui fut pour eux un précieux élément de distraction.

Pour me témoigner leur reconnaissance, ils vinrent, le 1er janvier suivant, se grouper dans mon petit salon. Le blessé Filsoie, qui allait nous quitter bientôt, m'offrit au nom de ses camarades, avec un compliment fort bien tourné, une plante verte ornée de rubans. Je vois encore d'ici mes pauvres blessés, émus et contents, choisissant parmi les objets étalés sur une table ceux qui leur plaisaient le mieux, et me remerciant de petits cadeaux que j'offrais à chacun d'eux. J'ai gardé de cette réunion, peut-être à cause de la personnalité du pauvre Filsoie, un souvenir particulièrement attendri.

XI

UNE GRAND'MÈRE RASSURÉE. — JE REÇOIS DES NOUVELLES DE MON PETIT-FILS JAMES DE ROTHSCHILD.

Ce fut vers cette époque que j'eus la joie de recevoir des nouvelles rassurantes de mon petit-petit-fils, James de Rothschild. Je ne puis résister au désir de transcrire ici quelques notes, que le cher enfant put alors me faire parvenir. Les grand'mères me comprendront et m'excuseront.

Engagé volontaire dans l'aviation de combat, dès le début des hostilités, James de Rothschild servit d'abord comme caporal dans l'escadrille dite F.S. (Farman au service de la Serbie). Au commencement du mois de mars 1915, il avait été embarqué sur le « Mossoul », qui devait transporter le matériel et le personnel mis à la disposition du gouvernement serbe.

Débarqué à Salonique, il avait été dirigé en

chemin de fer sur Belgrade. On me permettra de laisser la parole à mon cher petit soldat.

« *Nous arrivâmes à Belgrade le 16 mars 1925. Pendant plusieurs jours, nous fûmes bombardés copieusement par les Autrichiens. Ensuite, nous nous installâmes au camp de Bagnitza, à quelque distance au-dessous de Belgrade.* » C'est sans doute au séjour de Bagnitza que se rapportent certaines notes que j'ai sous les yeux, et qui furent visiblement rédigées avec cette bonne humeur qui n'abandonne jamais, dit-on, le troupier français, même dans les circonstances les plus graves ou les plus difficiles.

« *On m'a rapporté, écrivait le caporal, que quand mes hommes sortaient en ville (à Belgrade), le public de la capitale reconnaissait tout de suite « les hommes de Rothschild », à leur propreté, à leur bonne tenue, et à l'éclat de leurs chaussures, toujours correctement cirées. Cette bonne tenue devait, dans leur esprit, flatter aussi bien leur chef que les braves gens qui leur donnaient l'hospitalité, et elle consti-*

tuait un remerciement muet mais constant pour les bons soins qui leur étaient prodigués. Dès leur arrivée, en effet, on les débarrassait de leurs vêtements, salis par la boue et par le sang qui découlait de leurs blessures. Ces misérables hardes étaient lavées, soigneusement raccommodées ; nos hommes, bien astiqués, propres de la tête aux pieds, ornés de chaussures reluisantes, se promenaient en ville, heureux et fiers de l'admiration que devait, pensaient-ils, susciter leur tenue resplendissante.

» *Notre escadrille travailla sans répit jusqu'aux premiers jours du mois de septembre. A cette date nous eûmes à soutenir de très violentes attaques de la part de l'ennemi. On décida alors de nous envoyer par la voie ferrée à Nich, où nous restâmes environ un mois. Mais l'ennemi ne nous lâchait pas, et nous fûmes obligés de nous replier dans la direction de Krouchevatz-Kachka-Mitrovitza-Prizrendi* ».

Alors commença cette « retraite de Serbie » qui constitue un des chapitres les plus curieux et les plus émouvants de la grande guerre, et qui abonde en traits de bravoure tout à l'honneur de nos vaillants soldats. « Citons, écrit un témoin oculaire, citons Joly, le sous-officier qui suivit toute la retraite avec trois côtes cassées, après s'être enfui de l'hôpital pour ne pas être fait prisonnier par l'ennemi, et le petit caporal James de Rothschild, engagé volontaire qui, dans les moments les plus critiques, garda toujours son sourire de vaillance et de bonne humeur »[1].

« *De Prizrendi, nos avions traversèrent l'Albanie par la voie des airs. Les hommes de troupe et tout le personnel quittèrent Prizrendi le 1er décembre 1915, et se dirigèrent sur Scutari, où ils arrivèrent le 8 décembre. Cette retraite de huit jours avait été très pénible, car il avait été impossible de nous ravitailler, soit en vivres, soit en vêtements. L'escadrille demeura à Scutari pendant dix-huit jours ; elle subit alors de nombreuses pertes d'hommes, par suite*

1. Extrait du *Journal*, 15 janvier 1915, « L'Agonie de la Serbie », par Henri Barby.

de bombardements opérés par les avions ennemis.

» Le 28 décembre 1915, nous quittâmes Scutari, pour gagner à pied Saint-Jean de Medua, où nous arrivâmes le 30. Le soir même, nous étions embarqués à bord de navires qui nous débarquèrent le lendemain dans le port italien de Bari. L'escadrille était restée au service du gouvernement serbe, du mois de février 1915 au mois de janvier 1916.

» De Bari, nous fûmes dirigés sur Lyon, où, pendant quarante-huit heures, nous dûmes séjourner dans un hôpital. En effet, les trois quarts de nos hommes étaient épuisés, malades ou blessés.

» Comme l'on dit dans le style militaire, ces braves n'avaient pas « volé » la permission de trente jours qui leur fut accordée pour se remettre de toutes leurs fatigues. »

Mon petit-fils continua à servir dans l'aviation. Nommé sergent-pilote à l'escadrille 102, il fut attaché à une escadrille d'armée, du mois de janvier au mois de mars 1917, puis à une escadrille d'un groupe de combat, du mois de mars au mois de juin de la même année. Il fut envoyé alors en Champagne puis dans la région des Flandres. Nommé sous-lieutenant-pilote aviateur dans l'escadrille S.P.A. du 14e groupe de combat, il servit pendant les derniers mois de 1918 dans les régions de l'Oise et de Saint-Quentin.

XII

L'hôpital de Gouvieux en 1916.

Le début de 1916 nous apporta une nouvelle inattendue et fâcheuse. Pour des raisons qui m'échappent encore aujourd'hui, l'autorité militaire avait décidé que les blessés ne feraient plus, dans mon hôpital de Gouvieux, qu'un séjour de brève durée. Pour ma part, je n'ai jamais bien compris l'utilité de ces déplacements, qui exposaient des hommes, parfois gravement atteints, à tous les inconvénients et même aux dangers de voyages longs et pénibles, dans les trains sanitaires. Cependant, cet ordre fut maintenu, et plusieurs généraux et officiers supérieurs du Service de Santé vinrent à l'hôpital s'assurer de son exécution. Ces visites nous valurent, d'ailleurs, maints témoignages de satisfaction pour la bonne tenue de notre chère maison de Gouvieux.

Conformément à la décision prise en haut lieu, la plupart des blessés nous quittèrent, manifestant, à leur départ, des regrets que nous partagions, les religieuses et moi.

A la fin de mai 1916, étaient arrivés à Gouvieux des officiers et des soldats du 18e bataillon de chasseurs à pied, qui revenaient des terribles batailles de Douaumont. Un petit chasseur tout jeune, presque un enfant, nommé Célestin Rabillé, originaire de la Vendée, était atteint d'une méningite cérébrospinale. Il endurait des souffrances atroces, à tel point qu'on ne pouvait pas le laisser seul un instant. Le jeune âge de ce pauvre soldat et la gravité de son état inspiraient la compassion la plus vive, non seulement aux religieuses, mais aussi à tous ses camarades. Le major du bataillon vint le soigner. Mais nos efforts furent inutiles. Le pauvre petit soldat Célestin Rabillé mourut, d'une façon très édifiante. Quelques instants avant de trépasser, il avait exprimé tout son regret d'avoir été envoyé trop tard à Gouvieux : « Si l'on m'avait amené ici plus tôt, disait-il, on m'aurait sauvé la vie » ! Son corps fut inhumé au cimetière de Gouvieux.

Pendant l'été de 1915, je pus séjourner aux Fontaines et, par suite, visiter chaque jour mon hôpital, où les blessés se renouvelaient fréquemment.

*
* *

Parmi ceux qui nous furent envoyés alors, j'ai gardé le souvenir d'un tirailleur sénégalais, nommé Massamba Tiocol, qui resta plusieurs mois en traitement à Gouvieux. Il parlait à peine le français ; de notre langue, il ne connaissait guère que le mot « maman », et il me l'appliquait avec un réel sentiment d'affection, chaque fois qu'il me voyait entrer dans l'hôpital.

Ses camarades jouaient avec lui comme avec un enfant ; il avait, d'ailleurs, de l'enfant, la bonté et la naïveté. Un jour, au moment où l'on allait se mettre à la table, les soldats lui dirent que « sa maman » ne viendrait pas à l'hôpital. Désolé de cette nouvelle, Massamba refusa de dîner, alla se coucher et se cacha sous ses couvertures. Quelques instants après, j'entrai dans l'ambulance. Les soldats se mirent à rire, en regardant le lit dans lequel Massamba s'était caché. Fort intriguée d'apercevoir des doigts noirs au dessus de la couverture, je m'approche du lit. Massamba lève la tête, me reconnaît et, tout joyeux, saute à bas du lit, déclarant que, puisque sa maman est revenue il se sent de l'appétit, et va dîner avec ses camarades. La gaîté du bon Sénégalais était si vive et si communicative, qu'elle gagna tous les blessés, les religieuses et moi-même.

Cependant j'ai vu assez souvent Massamba prendre un air grave et même recueilli. Chaque jour, après le déjeuner, il s'asseyait sur une chaise haute, qu'il avait placée devant une table. Il ouvrait devant lui un gros livre, qui était, je pense, le Coran, et il le lisait avec la plus grande attention. Comme tous les musulmans, il était pieux, et la lecture des prières avait pour lui une très grande importance.

Je me rappelle quelle joie il éprouva, un jour que je lui donnai une pièce d'or qu'il m'avait demandée avec insistance, pour la rapporter, disait-il, à son père, en souvenir de la guerre. Il ne la prit, du reste, qu'à la condition formelle qu'il m'en rembourserait la valeur en pièces d'argent et en menue monnaie.

Massamba éprouvait aussi une grande joie, quand je le faisais venir aux Fontaines, et que je l'autorisais à se promener dans le parc. Une fois, je lui permis de monter sur le siège de mon automobile, de s'asseoir à côté du chauffeur, et de m'accompagner dans mes courses. A en juger par la joie qu'il témoigna, ce fut là, sans doute, le jour le plus heureux de sa vie.

Massamba nous quitta pour aller achever sa convalescence dans le midi. Il dut ensuite regagner son pays. En souvenir de son séjour à Gouvieux, quand il fut revenu au Sénégal, je lui envoyai une montre. Si elle lui est parvenue, comme je l'espère, Massamba doit la conserver comme la plus précieuse de ses amulettes. Je suis bien sûre que là-bas, dans quelque village ignoré de la brousse africaine, le pauvre tirailleur se souvient encore de la « chère maman » qu'il appelait dans ses moments de détresse, et qui était heureuse de lui procurer quelque joie en satisfaisant ses modestes désirs.

*
* *

L'année 1916 avait été pour nous un peu moins pénible que la précédente. Elle se termina par un joyeux Noël, auquel nos blessés prirent une part active. Bien que la guerre se prolongeât au delà de toute prévision, nos cœurs étaient pleins d'espérance. Nous avions tous l'impression que les Allemands, qui n'avaient pas pu entrer dans Paris, échoueraient aussi dans leur but suprême, qui était d'écraser la France et de la réduire à merci. Certes, il faudrait lutter et souffrir encore. Mais qu'importait, si la France devait être, en définitive, victorieuse et libre ?

L'espérance nous soutenait, quand nous célébrâmes par les réjouissances accoutumées la fin de 1916 et le début de l'année 1917. Celle-ci devait-elle être enfin l'année de la victoire ?

XIII

Le Grand Quartier Général (G.Q.G.) a Chantilly.

Vers la fin de 1914, après la bataille de la Marne, le Grand Quartier Général français (G.Q.G.) s'était établi à Chantilly. La présence du général Joffre, de son état-major et d'un grand nombre d'officiers de toutes armes, donna à la petite ville une animation extraordinaire. Sa physionomie habituelle fut brusquement transformée.

Toutes les routes qui conduisaient à Chantilly étaient, surtout aux abords de la ville, étroitement surveillées. La gare était occupée par des détachements de soldats, de gendarmes et de gardes forestiers, ainsi que par de nombreux agents de la sûreté, attaché au grand quartier général. Les civils ne pouvaient pénétrer dans la gare et circuler dans les avenues de Chantilly que munis de papiers dont la présentation était à chaque instant exigée.

Les habitudes journalières des habitants furent brusquement modifiées, et ils durent se soumettre à de nombreuses et étroites obligations, imposées par l'état de guerre.

Ainsi, l'autorité militaire décida que le téléphone serait supprimé dans toutes les habitations particulières, et que tous les appareils seraient rigoureusement enlevés. Cependant le téléphone fut maintenu au château des Fontaines, mais à la condition expresse qu'il serait réservé exclusivement aux officiers logés dans ma maison. Moi-même, je devais m'abstenir de tout usage du téléphone. Je m'inclinai devant cette obligation, bien qu'elle fut très gênante pour moi, et notamment qu'elle me privât de tout moyen de communiquer d'une façon rapide avec les religieuses de mon hôpital de Gouvieux. Dans cette maison même, comme dans les habitations particulières de Chantilly, le téléphone fut supprimé, et j'avouerai que cette suppression me causa un très vif émoi. Elle était, en effet, de nature à porter à mes blessés un grave préjudice. Plusieurs de ces malheureux étaient atteints de blessures très graves, qui mettaient leurs jours en danger. Fréquemment, nous avions recours au téléphone pour réclamer des médecins ou des remèdes... Que pourraient faire, dans certains moments de crise, les sœurs infirmières, si, privées de communications rapides avec l'extérieur, elles restaient réduites à leurs propres moyens? Très émue à la pensée des complications qui pouvaient surgir, je m'armai de courage, et je m'adressai directement au généralissime Joffre, le suppliant d'autoriser, dans l'intérêt des blessés, le maintien du téléphone dans mon hôpital de Gouvieux. J'ajoutai que la suppression du téléphone m'obligerait à fermer cette maison. Le généralissime envoya un de ses officiers faire une enquête. Je répondis avec une entière franchise à toutes les questions qui me furent posées, et je fournis à l'envoyé du généralissime tous les renseignements qu'il pouvait désirer. A l'issue de notre premier entretien, l'officier ne put me donner aucune réponse décisive. Il désirait compléter son enquête ; dans ce but, il se rendit à l'hôpital, où la supérieure lui fournit des renseignements en tous points identiques à ceux que je lui avais donnés moi-même. Finalement, l'officier, convaincu par nos raisons, m'autorisa à conserver le téléphone à l'hôpital de Gouvieux.

Je n'ai pas besoin d'ajouter que cette décision, qui mettait fin à nos légitimes appréhensions, fut accueillie avec joie par la supérieure, par les bonnes sœurs et par moi.

XIV

Les officiers français et étrangers au chateau des Fontaines, depuis 1914.

Comme le nombre des locaux disponibles dans Chantilly était fort restreint, le château des Fontaines avait été, dès le début des hostilités, désigné pour recevoir des officiers français et étrangers, que leur service appelait au grand quartier général.

Les premiers hôtes que je reçus chez moi furent deux officiers français, le capitaine Casalonga et un lieutenant. Le capitaine avait été, au lycée Janson de Sailly, le condisciple de mon fils Henri. Il était chargé de la direction du service des automobiles du grand quartier général.

Ces deux officiers restèrent aux Fontaines pendant plusieurs mois. Très occupés par leurs fonctions, qui étaient fort complexes, ils venaient rarement me faire visite. Mais, avec une grande complaisance, ils s'étaient mis à ma disposition, et, maintes fois, ils s'empressèrent de me rendre des services dont je leur fus très reconnaissante. Au bout de quelques mois, ils quittèrent les Fontaines pour faire place à une mission militaire russe, dont l'arrivée, me fut, un matin, annoncée à l'improviste.

Le chef de cette mission était le général Gilinsky. Il était accompagné de M. Iswolsky, fils de l'ambassadeur de Russie à Paris, du colonel Ignatieff et de M. Narischkine. Une quarantaine de soldats français étaient attachés aux officiers russes en qualité d'ordonnances.

Le général Gilinsky avait encore auprès de lui un officier français, le prince Pierre d'Arenberg, qui avait le commandement des soldats-ordonnances français, et qui était chargé, comme intermédiaire entre les officiers russes et leurs hôtes français, de régler les rapports avec ceux-ci, ainsi que diverses questions de détail.

Le séjour des Russes aux Fontaines se prolongea pendant les années 1915 et 1916. Moi-même, je passai dans mon château les mois d'été de 1915. Je fus donc fréquemment en relations avec le prince d'Arenberg. C'était un homme encore assez jeune, d'éducation parfaite, et de la plus exquise amabilité. Il accueillit toujours avec beaucoup de courtoisie les observations ou les demandes que je pouvais avoir à adresser à mes hôtes, et, grâce à son intervention, j'étais toujours sûre d'obtenir satisfaction immédiate. Le prince d'Arenberg, quand il vint à Chantilly, avait été fort éprouvé par les fatigues de la guerre. Quelques mois après son départ des Fontaines, il fut atteint d'une congestion pulmonaire, suivie de graves complications ; il fut emporté à la fleur de l'âge par cette cruelle maladie. Je garde à sa mémoire un souvenir ému et plein de reconnaissance pour les grands services qu'il m'a rendus avec tant de complaisance.

Le personnel de la mission russe ne nous causa pas le moindre souci pendant son séjour aux Fontaines. Les soldats de service observèrent exactement la discipline, et ce ne fut que par exception que nous eûmes à nous plaindre d'eux.

Une nuit, un homme de police vint prévenir au château que, du haut du viaduc du chemin de fer du Nord, on apercevait une lumière qui brillait à une des fenêtres les plus élevées des Fontaines. Était-ce quelque signal convenu ? Dans ces temps où les inquiétudes étaient si grandes, tout fait suspect causait les plus vives alarmes. Le gardien du château fit aussitôt des recherches, afin de savoir pourquoi cette lumière brillait si tard dans la nuit. Il découvrit qu'un soldat, qui couchait dans une des chambres les plus élevées de la maison, étant sorti en fraude, avait oublié d'éteindre sa lampe ; ou, peut-être, l'avait-il laissée à dessein allumée, pour qu'on pût croire qu'il était encore chez lui. Cet homme fut renvoyé immédiatement au front.

*
* *

Les officiers russes se conduisaient avec une discrétion parfaite. Quelquefois cependant, quand ils rentraient au château, à une heure avancée dans la nuit, leurs automobiles cornaient en traversant le parc. Sur la demande que je leur adressai, ils renoncèrent à cette habitude, et le silence de la nuit ne fut jamais plus troublé.

*
* *

De temps à autre, le général Gilinsky me faisait le plaisir de venir dîner avec moi en compagnie d'un de ses aides de camp. Sa conversation était fort agréable. La Russie a toujours été un pays tellement original, et elle ressemble si peu aux autres contrées de l'Europe, que j'éprouvais un véritable plaisir à m'instruire, auprès d'un témoin aussi autorisé que le général, de tout ce qui concernait l'empire des tsars. Avec une obligeance parfaite, mon hôte voulut bien me donner de fort curieux détails touchant les mœurs et les coutumes de ses compatriotes. Quant aux choses de la guerre, le général observait la plus stricte réserve. Parfois, des préoccupations, que j'attribuais aux difficultés de ses fonctions et au travail intense auquel il s'adonnait, le rendaient soucieux et même triste. J'ai su, depuis, que, dans les années 1915 et 1916, la Russie avait traversé plusieurs crises très graves, et que les complications de la politique intérieure et extérieure pouvaient à juste titre inspirer les plus vives inquiétudes aux hommes d'État qui dirigeaient ce vaste Empire, à ses diplomates et à ses généraux.

*
* *

Les officiers russes quittèrent le château des Fontaines à la fin de l'année 1916. Je souhaite que, rentrés dans leur pays, ils aient pu échapper à l'effroyable tourmente qui a bouleversé de fond en comble le gouvernement, l'armée et la société russe.

XV

Visites d'officiers anglais. — Le général Mangin est attendu. — Les Américains aux Fontaines.

A la fin de 1916 encore, je reçus aux Fontaines les visites assez fréquentes d'officiers anglais attachés à notre grand quartier général. Je citerai parmi eux les généraux Buller et Clive. Depuis la fin de la guerre, j'ai conservé des relations excellentes avec ces officiers généraux.

*
* *

Après le départ des Russes, je restai quelque temps sans recevoir de nouveaux hôtes. Mais j'en attendais toujours, car je savais que mon château était désigné pour donner l'hospitalité aux personnalités militaires que les besoins du service appelaient à Chantilly.

*
* *

Un jour, on m'annonça que le général Mangin, accompagné d'officiers de son état-major, viendrait résider quelque temps chez moi. Je donnai aussitôt des ordres, et je m'apprêtai à recevoir le général. Mais les officiers qui devaient l'accompagner arrivèrent seuls au château. Quelques heures s'écoulèrent. Nous attendions le général pour le dîner, quand un coup de téléphone nous informa qu'il venait d'être appelé à Paris pour des affaires urgentes, et que je ne devais plus compter sur sa visite. Les officiers d'état-major dînèrent avec moi, puis ils repartirent comme ils étaient venus, et je n'ai pas eu le plaisir de recevoir le célèbre général sous mon toit.

*
* *

Pendant plusieurs semaines, le château resta vide. Aucune mission nouvelle ne m'était signalée. Puis, à l'improviste, je fus avisée de l'arrivée imminente d'officiers américains. Ces messieurs étaient peu nombreux. Fort occupés, ils ne se montraient que rarement. A leur tête était un colonel, qui parlait avec beaucoup d'autorité et même d'agrément, des questions politiques et militaires. Je le vis un peu plus souvent que ses compatriotes, et il se montra toujours plein de courtoisie et d'amabilité à mon égard. Il fut, un jour, rappelé subitement en Amérique. Son gouvernement avait décidé de lui confier la mission de créer aux États-Unis une école militaire en s'inspirant de l'organisation de notre école de Saint-Cyr. Ce brusque rappel causa une vive peine au colonel, qui aimait la France, et qui aurait voulu séjourner plus longtemps parmi nous. Depuis son départ je n'ai plus eu de nouvelles de cet officier, mais j'ai gardé de lui le meilleur souvenir.

XVI

Vers la fin de la guerre. — L'hôpital de Gouvieux en 1917. — Départs de blessés et arrivée d'évacués.

Le 3 janvier 1917, les blessés organisèrent en mon honneur une petite fête fort bien réussie. Réunis dans la plus grande salle de mon hôpital, ils me présentèrent en excellents termes leurs vœux pour la nouvelle année, et ils m'offrirent un album contenant leurs photographies. Je l'ai conservé soigneusement, en souvenir de ces temps si tragiques. Pauvres petits soldats, que sont-ils devenus, dans les derniers temps de la guerre, et depuis qu'ils sont rentrés dans la vie civile?

*
* *

L'ordre le plus parfait continuait à régner dans mon hôpital.

N'est-il pas touchant de penser que ces hommes, dont beaucoup avaient des natures rudes, capables parfois de résister même à la sévère discipline militaire, obéissaient sans difficulté aux femmes qui avaient mission de les garder et de les soigner ? Visiblement ils mettaient un point d'honneur à se conformer docilement au règlement de l'hôpital, et à nous éviter les tracas qu'aurait pu nous causer toute infraction de leur part aux règles établies.

Je ne trouve guère dans ma mémoire qu'un seul exemple d'indiscipline un peu grave, qui nous obligea à sévir avec sévérité contre le coupable.

Une nuit, un soldat, grièvement blessé au bras, s'enfuit de l'hôpital par une fenêtre, et escalada une grille qui s'ouvrait sur la rue. L'infirmier qui couchait dans l'ambulance, réveillé par le bruit, constata aussitôt la disparition du blessé. Il prévint immédiatement la supérieure, et celle-ci résolut d'attendre le retour du fugitif. Le soldat rentra à l'aube, et il fut fort étonné de trouver la supérieure assise sur un fauteuil dans l'ambulance. Le jour même, Sœur Sainte-Vincente décida de renvoyer le coupable à l'hôpital militaire de Creil. Ce fut la seule punition grave que nous eûmes à infliger au cours de plus de quatre années.

*
* *

Nos blessés, qui montraient beaucoup d'attachement aux religieuses et à moi, eussent été désolés de nous causer la moindre peine. Pour les récompenser, nous saisissions toutes les occasions de leur faire plaisir. Ainsi quand le temps était beau, nous dressions une table dans le jardin, et tous ceux de nos blessés qui pouvaient quitter leur lit étaient fort contents de dîner au grand air.

C'était aussi pour eux une fête, quand un général venait inspecter l'hôpital. Nous eûmes ainsi la visite des généraux Modelon, Descoings, et de quelques autres encore. Nos braves soldats étaient heureux de voir que leurs chefs non seulement leur portaient de l'intérêt, mais, en outre, qu'ils avaient pour eux une réelle sympathie, et qu'ils étaient satisfaits du bon ordre et de l'exacte discipline qui régnaient dans ce petit hôpital de Gouvieux.

*
* *

En janvier 1917, un cas assez pénible nous causa une vive émotion. On nous amena un soldat, nommé Demange, qui avait les deux bras amputés. Ce malheureux faisait peine à voir. Très difficile à soigner, en raison de ses graves blessures, il excitait au plus haut point notre compassion. Je fis fabriquer pour lui des bras artificiels ; mais il ne put pas les supporter, car leur poids était trop lourd. Ce malheureux nous quitta pour aller s'établir à Nancy. Après la guerre, il m'a fait, à diverses reprises, parvenir de ses nouvelles.

*
* *

Dans les premiers jours de 1917, sur l'ordre des autorités militaires, la plus grande partie de nos blessés furent transférés dans divers centres sanitaires. Mais d'autres hôtes nous arrivèrent : c'étaient des hommes fatigués, ou pour mieux dire épuisés de fatigue. Les hasards de la guerre les avaient conduits à Chantilly. En général ils ne restaient que peu de temps chez moi. Combien j'en ai vu désolés de partir si tôt pour une destinée inconnue, alors qu'ils avaient trouvé à Gouvieux repos, tranquillité et bien-être !

D'ailleurs, à mesure que les blessés s'éloignaient, notre village recevait en grand nombre des évacués des départements envahis. Je m'occupai, avec l'aide des bonnes sœurs, d'installer à Gouvieux ces pauvres gens ; je leur fis distribuer des vivres et des vêtements. Nous vécûmes alors des journées bien tristes, au milieu de ces malheureux, que la misère affligeait et qui circulaient dans les rues de Gouvieux anxieux et désolés, tandis que le bruit continu du canon nous rappelait que l'ennemi était tout proche. Malgré tout, nous ne voulions pas renoncer à l'espoir que des jours meilleurs se lèveraient bientôt pour nous.

Les évacués furent rappelés à Paris au mois

d'avril 1917. Leur départ causa aux bonnes sœurs ainsi qu'à moi une réelle tristesse, car nous nous étions attachées à ces malheureuses victimes de la guerre. De leur côté, ces pauvres gens nous regrettaient sincèrement et, en partant, ils nous remercièrent avec effusion du peu de bien que nous leur avions fait.

*
* *

Brusquement, en 1917, l'autorité militaire décida que les blessés ne seraient plus évacués de mon hôpital, mais que leur séjour ne devrait en aucun cas dépasser trois semaines.

Du mois d'août au mois d'octobre 1917, de nouveaux convois nous arrivèrent. Dans un d'eux, figurait un soldat prêtre, l'abbé Delmas. Il avait été opéré d'une tumeur dans le dos, et il souffrait beaucoup. La première fois que je causai avec lui, sans savoir qui il était, je fus frappée de sa grande résignation, et aussi de la distinction avec laquelle il s'exprimait. Je demandai à la Supérieure quelle était la profession de ce nouveau venu. « C'est un prêtre », me répondit-elle. — « Je m'en doutais, répliquai-je, car sa conversation n'est pas celle d'un homme du commun ». L'abbé Delmas nous quitta peu de temps après. Je le vis partir avec regret, car il donnait à tous un bel exemple de patience, et il exerçait sur les autres soldats l'influence la plus salutaire.

*
* *

Ce fut à cette époque que j'autorisai les sœurs à conduire en promenade les blessés les plus valides, pour les distraire un peu, en leur faisant visiter le pays.

Au cours d'une de ces promenades, des soldats trouvèrent le moyen de s'échapper, sans doute pour aller faire visite à quelques cabarets du village. Au retour, à l'hôpital, un blessé manquait à l'appel. La sœur s'était bien aperçue de sa disparition, mais elle ignorait quel chemin avait pris le délinquant. Enfin, celui-ci rentra à l'hôpital, visiblement en état d'ébriété. Fort ému de me voir, il s'approcha de moi en titubant, me demanda pardon, et déclara que, seul, il était coupable d'avoir enfreint le règlement et entraîné ses camarades. Tout à coup, au milieu de ses protestations, il s'écroula à terre ; nous nous empressâmes de le relever : « Allez vous coucher » ! lui dis-je, de mon ton le plus sévère. « Pour cette fois, je vous pardonne, ainsi qu'à vos camarades... Personne ne sera puni ». Le coupable obéit, et ce petit incident fut vite oublié.

XVII

L'ANNIVERSAIRE D'UNE RELIGIEUSE (DÉCEMBRE 1917).

Mon hôpital s'était de nouveau rempli, quand nous y célébrâmes une fête qui produisit une vive impression sur l'esprit des blessés et aussi des religieuses. Le 10 décembre 1917, nous fêtâmes le vingt-cinquième anniversaire de l'entrée dans mon hôpital de la Sœur Stylien, qui, depuis un quart de siècle, n'avait jamais quitté ma maison.

Les blessés se joignirent aux religieuses et à moi pour féliciter la bonne sœur. L'ambulance avait été transformée en salle de fête. Sur une table, nous avions placé des fleurs et des souvenirs, d'ailleurs bien modestes, que nous voulions offrir à Sœur Stylien. Un banquet nous réunit tous autour de l'héroïne de cette belle journée. Son émotion fut vraiment touchante, surtout quand, très émue moi-même, je rappelai combien j'appréciais l'excellente religieuse, et quels services elle avait, depuis tant d'années, rendus à ma maison de Gouvieux. Au dessert, les soldats burent une coupe de champagne en l'honneur de la bonne Sœur Stylien, et ils l'acclamèrent, sans oublier celle qu'ils voulaient bien appeler « leur chère bienfaitrice. » Ce fut une occasion nouvelle que saisirent nos hôtes, pour nous dire une fois de plus combien ils se trouvaient heureux dans notre maison de Gouvieux.

Tous les habitants du village avaient tenu à fêter avec nous la Sœur Stylien, et à la remercier des soins dévoués que, depuis si longtemps, elle donnait aux malades et aux malheureux qu'elle visitait à domicile. Eux aussi, dans cette journée de fête, se plurent à vanter les mérites de mon hôpital et le dévouement des bonnes religieuses.

* * *

Quelques jours plus tard, nous étions, les religieuses et moi, en proie à de vives inquiétudes. A partir du 15 décembre, le Docteur Vincent, médecin de l'hôpital, dut s'aliter, atteint d'un phlegmon à la main. On ne savait pas trop si des complication fâcheuses ne viendraient pas à se produire. Le Docteur Maurat prodigua les meilleurs soins à son confrère, et celui-ci, heureusement guéri, put reprendre son service, vers le 25 janvier 1918.

Jusqu'à cette date, pendant plus d'un mois, l'hôpital avait dû soigner, outre les blessés militaires, un grand nombre d'habitants du village et de la région, atteints de maladies ou victimes d'accidents. Les religieuses, pour faire face à tant de besognes, étaient souvent obligées de veiller jusqu'à une heure avancée, pour préparer les pansements. Mais jamais elles ne songeaient à se plaindre. Elles faisaient avec courage plus que leur devoir, et elles se trouvaient suffisamment récompensées, quand elles entendaient les gens de Gouvieux se dire entre eux : « Que serions-nous devenus, si la Baronne avait dû fermer, pendant la guerre, le dispensaire créé à notre intention » ?

*
* *

Les fêtes de Noël 1917 et du jour de l'an 1918 furent une courte trêve au milieu de nos inquiétudes journalières. Je tins à les passer, comme en 1916-1917, en compagnie de mes blessés. Je leur distribuai quelques petits souvenirs, qu'ils reçurent avec plaisir. De leur côté, ils avaient projeté de me faire une surprise. Réunis dans la plus grande salle de l'hôpital, ils m'offrirent, un bel album qui contenait leurs photographies. Je fus très touchée de cette intention délicate, et je leur en exprimai, avec une effusion sincère, toute ma gratitude. Je suis sûre que mes chers blessés ont gardé comme moi un souvenir ému de cette charmante réunion.

XVIII

La région de Chantilly et l'hôpital de Gouvieux pendant les offensives allemandes et les bombardements de 1918.

La première partie de l'année 1918 fut extrêmement agitée. Les Allemands s'étaient décidés à reprendre leur marche sur Paris. On sait que, dans le courant de cette année 1918, leurs armées déclenchèrent trois offensives consécutives, particulièrement vigoureuses, le 21 mars, le 27 mai et le 14 juillet. De nouveau, l'on put craindre une formidable attaque des ennemis contre la capitale, et la région qui s'étend de Compiègne à Paris sembla gravement menacée.

***

Les offensives allemandes furent précédées, accompagnées et suivies de bombardements par avions (*Gothas*), qui furent très violents dans la région de Chantilly. Les ennemis, dans leur fureur sauvage, s'efforçaient de détruire les formations sanitaires, qu'ils savaient être fort nombreuses autour de Chantilly, de Creil et de Senlis.

Pour protéger Chantilly contre les bombardements, le commandement français avait établi une batterie de canons contre avions sur le terrain du golf, qui avait été, naturellement, abandonné par les joueurs. Le commandant de la batterie était un officier fort aimable, avec qui je liai connaissance. Il voulut bien m'autoriser à venir de temps à autre, en compagnie de quelques amies, visiter sa batterie et assister au tir des canons. Dans le courant de l'été 1918, un parc d'aviation fut installé à Gouvieux. Mais ces précautions n'empêchèrent pas les ennemis de diriger contre Chantilly des bombardements de jour et de nuit.

*
* *

A partir des premières semaines de 1918, nous vécûmes dans des alertes continues.

Chaque nuit, nous étions réveillés par des détonations effroyables. Les projectiles lancés par les *Gothas* éclataient dans toutes les directions. Leur fracas se mêlait aux incessantes détonations des tirs de barrage. Il fallait descendre à la hâte dans les caves, pour y chercher un abri.

Les journées n'étaient guère plus calmes que les nuits. A peine les bombardements nocturnes par les *Gothas* étaient-ils terminés, que commençaient, dès les premières heures du matin, les bombardements de Paris à longue distance. De Chantilly, on entendait distinctement dans la direction de la capitale, l'éclatement des obus lancés par les *Berthas*.

Pleine d'angoisses, au cours de ces journées et surtout de ces nuits tragiques, je pensais à mes blessés, qu'il serait si difficile d'évacuer en cas d'accident.

Quant aux religieuses elles restaient courageusement à leur poste, sans se préoccuper des dangers qui les menaçaient. Pour se protéger, disaient-elles, contre les bombardements nocturnes, elles s'étaient contentées d'étaler sur les planchers, aux étages supérieurs de l'hôpital, des matelas et des couvertures! Je ne saurai trop louer la bravoure dont ces nobles femmes firent preuve dans les temps les plus critiques de la guerre. Sous les bombes ennemies, elles soignaient les blessés et les réconfortaient mettant toute leur confiance dans les ardentes prières qu'elles adressaient au Ciel, afin que les pauvres soldats ne trouvassent pas la mort dans cette maison de Gouvieux, où ils étaient venus chercher la santé et la vie.

*
* *

Le 9 mars, les avions allemands bombardèrent Chantilly. Ce fut la première et, aussi, la plus redoutable de toutes les attaques de l'année 1918. Les ennemis visaient le viaduc du chemin de fer dit « viaduc de la Canardière ». Ils lancèrent contre cet objectif des torpilles de gros calibre. Leurs engins ne firent, heureusement, point de victimes. Ils n'eurent guère d'autre effet que la destruction d'une conduite d'eau, près des abattoirs.

Dans la nuit du 1er au 2 avril, nous eûmes à subir un bombardement terrible. Il fallut faire descendre dans les caves les blessés et les religieuses. Le 8, je vins, comme à l'ordinaire, visiter l'hôpital, et, bien que fort inquiète moi-même, je m'efforçai de réconforter les sœurs et les soldats, en leur affirmant mon entière confiance dans la victoire finale.

Mais il n'était guère possible de se méprendre sur la gravité de la situation. Elle pouvait, d'un moment à l'autre, imposer les mesures les plus rigoureuses. Aussi recevions-nous fréquemment des visites d'officiers du service de Santé, notamment du major de Creil, et de médecins envoyés par le Quartier Général. A chacune de ces visites, nous nous attendions à la communication de quelque ordre catégorique. En effet, dans les premiers jours du mois d'avril 1918, en prévision des graves événements que l'on redoutait, l'évacuation immédiate des blessés de Gouvieux fut décidée.

*
* *

Au milieu de nos angoisses, qui furent si vives durant ce mois d'avril 1918, j'appris avec émotion la mort de l'abbé Muller, aumônier de l'hospice de Condé. C'était un excellent prêtre et un homme fort aimable, que tout le monde appréciait à Chantilly. Il fut une des victimes des bombardements : une nuit, en effet, pour se mettre à l'abri des bombes allemandes, il dut descendre dans une cave ; il fut saisi par le froid, et, comme il était alors âgé de quatre-vingts ans, il fut emporté en peu de temps par une congestion pulmonaire. La mort de l'abbé Muller fut pour nous tous une perte sensible.

XIX

Départ des blessés (avril 1918).

Le 9 avril 1918, la plupart de mes blessés furent évacués. Six seulement restèrent à l'hôpital. Les religieuses s'empressèrent aussitôt de remettre la maison en bon ordre. Nous nous tenions prêtes à toute éventualité. D'ailleurs l'hôpital restait placé sous le contrôle de l'autorité militaire. Ainsi, le général Descoings vint, à plusieurs reprises faire visite aux religieuses et inspecter la maison, dont l'excellente tenue nous valut, comme par le passé, des témoignages de la satisfaction du général inspecteur.

* * *

Mon hôpital de Gouvieux étant presque vide, je n'avais plus de raison majeure de prolonger indéfiniment mon séjour aux Fontaines et de m'exposer plus longtemps aux sérieux dangers des bombardements aériens.

D'autre part, dans les derniers jours du mois de mars et au début du mois d'avril 1918, les bruits les plus alarmants s'étaient répandus touchant la possibilité d'une percée que les armées allemandes allaient, disait-on, tenter dans la région de Noyon. En effet, les ennemis déclenchèrent une grande offensive quelques semaines plus tard, le 27 mai 1918. Dès les premiers jours d'avril, on put craindre de voir les Allemands se ruer de nouveau dans la région de Compiègne, Chantilly et Senlis. Je dus, en conséquence, abandonner encore une fois le Château des Fontaines. Nous nous étions décidées, ma fille et moi, à aller passer quelque temps dans le département de la Gironde.

Comme les avions ennemis renouvelaient, pour ainsi dire, chaque nuit le bombardement de Paris, je pris, avant de partir, la précaution d'envoyer dans des endroits sûrs, loin des bombes et des torpilles ennemies, les objets les plus précieux parmi ceux que j'avais réunis dans mon hôtel de l'avenue Friedland. Je me préoccupai surtout de mettre à l'abri de tout accident l'admirable bibliothèque créée par mon mari, le baron James de Rothschild. Les livres rares furent soigneusement emballés dans des caisses, sous la surveillance de mon cher ami, M. Emile Picot, qui achevait alors le savant catalogue qu'il a dressé de cette collection magnifique. Je devais avoir le malheur de perdre ce fidèle ami, peu de temps après ces événements.

Un certain nombre de caisses furent expédiées dans le Médoc, au château de Mouton. Les objets d'art furent mis en sûreté dans des endroits divers à Paris et en province.

XX

Départ pour Bordeaux (18 avril 1918). Séjour dans la Gironde (avril-16 mai 1918).

Quand ce travail minutieux mais indispensable fut terminé, je partis pour Bordeaux, le 18 avril 1918, en compagnie de ma fille la baronne Leonino. J'allais retrouver mon petit-fils Philippe, qui, sous la surveillance de son précepteur, poursuivait le cours de ses études au lycée de cette ville.

Après un bref séjour à Bordeaux, nous nous rendîmes dans le Médoc, dans ce domaine de Mouton, qui produit un vin célèbre dans le monde entier. Là, je pus m'occuper des vignerons, de leurs femmes et de leurs enfants. Régulièrement, je visitais les écoles, auxquelles je me suis toujours intéressée.

Non loin de Mouton, près du port de Pauillac, les Américains avaient établi un camp très vaste, dans lequel étaient entassés d'immenses approvisionnements de munitions, d'équipements et de vivres. Nous pûmes, grâce à une autorisation spéciale, visiter cette remarquable installation. A leur tour, des officiers américains vinrent nous rendre visite à Mouton. Ils admirèrent beaucoup la culture, les chais remplis de futailles, et ils partirent enchantés de leur excursion, emportant quelques bouteilles de « Mouton Rothschild » à titre de souvenir.

Une quinzaine de jours s'écoulèrent dans le calme de la campagne ; puis, nous rentrâmes à Bordeaux, pour y retrouver quelques personnes amies.

Le séjour à Bordeaux doit offrir de réels agréments, quand on n'est pas sans cesse en butte à des préoccupations angoissantes, comme nous l'étions alors, ma fille et moi. Le mouvement du port sur la Garonne, les quais si animés, les avenues spacieuses, bordées de constructions élégantes, tout, dans cette belle cité, parle à l'imagination et charme les yeux. Ce fut avec un vif intérêt et souvent même avec un véritable plaisir, que je visitai les principaux monuments de la ville, les églises dont quelques-unes, très anciennes, sont fort curieuses, et le « Grand Théâtre », que le célèbre architecte Louis construisit, sous le règne de Louis XVI, peu d'années avant les débuts de la Révolution, dans un temps où la vieille capitale de la Guienne avait déjà la réputation d'être une des villes les plus riches et les plus élégantes de toute la France.

Les environs de Bordeaux sont, aussi, fort agréables. Je me rendis dans une magnifique propriété que possédait, non loin de la ville, madame Deutsch de la Meurthe. Depuis, elle a consacré à une œuvre philanthropique son beau château et le vaste parc qui l'entoure.

Malgré l'agrément de notre séjour à Bordeaux et le charme de ces promenades, nos pensées revenaient sans cesse vers Paris, où nous avions, ma fille et moi, hâte de rentrer, et vers ces contrées du Nord, désolées par la guerre, où allaient se décider dans une lutte suprême, les destinées de notre pays.

*
* *

Enfin, des nouvelles plus rassurantes commencèrent à arriver du front. Partout, les Allemands se heurtaient à la résistance opiniâtre des alliés, et leur élan commençait à faiblir. Ce fut donc avec joie que, le 16 mai 1918, nous quittâmes Bordeaux, pour reprendre le chemin de la capitale. J'étais décidée à ne rester que peu de temps à Paris, et à revenir le plus tôt possible à Chantilly.

XXI

L'hôpital de Gouvieux pendant les mois de mai, juin et juillet 1918. — Nouveaux bombardements.

Pendant mon absence, l'hôpital de Gouvieux avait vu son activité un peu ralentie. Mais, à aucun moment, la besogne n'avait fait complètement défaut. De temps à autre, les religieuses recevaient des blessés et des malades. Au début du mois de juin 1918, on amena à l'hôpital, entre autres, un blessé qui était tellement atteint, qu'il n'eut même pas la force de donner son nom. Il mourut peu de temps après son arrivée, et il fut inhumé sans qu'on ait pu découvrir son identité. Quelques jours après l'enterrement, la fille de ce pauvre homme vint à l'hôpital, où on lui apprit la triste fin de son père. Elle était accablée de chagrin ; mais elle trouva quelque consolation dans la certitude que son malheureux père avait reçu tous les soins possibles, et que les religieuses l'avaient assisté jusqu'à son dernier moment.

*
* *

Le mois de mai, dans la région de Chantilly, avait été, comme les précédents, marqué par de fréquentes incursions des *Gothas*. Le 15 mai, notamment, la ville de Chantilly eut à subir un bombardement terrible. La nuit du 17 mai fut particulièrement effroyable. Au dire des témoins, on eût pu croire que la ville allait être réduite en cendres. Le 31 mai, elle reçut encore un grand nombre de bombes. Les bombardements ne cessèrent qu'au mois de septembre.

*
* *

Pendant toute la durée de l'été de 1918, l'inquiétude fut très vive dans la région comprise entre Compiègne et Paris. Les bombardements se renouvelèrent, avec une désespérante régularité, presque chaque jour et chaque nuit. Ces agressions sauvages, par quoi se manifestait la fureur guerrière des Allemands, étaient généralement interprétées comme des signes avant-coureurs d'une prochaine et formidable invasion. On sentait que les ennemis, comptant sur la lassitude et sur l'effroi des populations françaises, espéraient de nouveau, comme au début de la guerre, pousser leurs armées victorieuses jusqu'aux portes de la capitale. On s'attendait donc à de graves événements dans nos pays d'Oise, dont les paisibles villages n'étaient séparés que par quelques kilomètres des armées allemandes, qui se concentraient en force dans la région de Noyon.

*
* *

A Chantilly, nous nous efforcions de nous rassurer un peu, en constatant qu'un parc d'aviation venait d'être installé à Gouvieux : nos aviateurs, si audacieux, sauraient bien nous défendre... Mais les avions allemands ne cessèrent pas leurs incursions. Le 6 juin, les *Gothas* dirigèrent une violente attaque contre Chantilly.

Dans la nuit du 9 au 10, ils lancèrent sur Creil deux cents bombes, qui mirent le feu à plusieurs maisons et firent de nombreuses victimes. Chantilly fut encore bombardée le 4 et le 18 juillet. Ce ne fut que le 16 septembre que notre ville reçut la dernière visite des *Gothas*. Ces nombreux bombardements causèrent, à Chantilly et dans les environs, des dégâts matériels ; mais, par bonheur, les accidents de personnes furent assez rares.

*
* *

Certaines journées de cet été de 1918 m'ont laissé un souvenir particulièrement triste. Ainsi, le 11 juin, une sorte de panique s'empara de la population de Chantilly et des localités voisines. Le bruit s'était répandu, venant on ne sait d'où, que l'ennemi allait déclencher une attaque furieuse contre la capitale. De nouveau, l'on craignait que toutes les régions voisines de Paris ne fussent, comme en 1914, envahies et occupées par les masses allemandes.

*
* *

La guerre, en effet, loin de s'apaiser avec le temps, comme on avait pu l'espérer, paraissait redoubler de violence.

Pendant les mois de juin et de juillet 1918, toute la région de Chantilly s'anima d'une activité militaire plus intense encore qu'en 1914, au début de la guerre.

Le parc d'aviation récemment installé à Gouvieux donnait à notre petit village une animation extraordinaire. La présence du grand quartier général à Chantilly, les allées et venues des courriers et des officiers d'État-major, enfin, mille incidents divers, nous montraient que nous vivions pour ainsi dire au centre même de l'action. Ainsi le 9 et le 10 juin, nous vîmes passer de nombreuses troupes, qui paraissaient harassées de fatigue. Des véhicules de toute sorte, charrettes, camions, voitures de tout genre, et des automobiles pilotées par des chauffeurs annamites, transportaient d'innombrables soldats, en grande hâte, vers le nord, dans la direction de la Somme. Le 17 juin, des troupes de toutes armes traversèrent Chantilly et Gouvieux, se dirigeant vers Persan-Beaumont.

*
* *

Au milieu de ces événements précipités, dont l'issue nous paraissait incertaine, ou, plutôt, menaçante, ma maison de Gouvieux qui, depuis le 9 avril, avait perdu la plus grande partie de ses hôtes, était moins animée qu'autrefois; mais toute vie n'y était pas entièrement interrompue. Officiellement, l'hôpital n'était point fermé : il demeurait sous le contrôle de l'autorité militaire, comme dépendance de la formation sanitaire de Chantilly.

En fait, depuis le début du mois d'avril jusqu'aux derniers jours du mois de juillet 1918, les religieuses de mon hôpital eurent de fréquentes occasions d'exercer leur ministère.

Tout d'abord, elles eurent à soigner des évacués qui avaient été envoyés à Gouvieux, d'où la plus grande partie de la population s'était retirée, sous la menace des bombardements.

De temps à autre, l'hôpital recevait encore des blessés militaires envoyés par les formations de Creil et de Vineuil, ou bien des éclopés, provenant d'un dépôt installé à Chantilly. Les majors n'hésitaient pas à faire transférer chez moi quelques-uns de leurs malades ou même de grands blessés, car ils savaient que les religieuses étaient restées dans mon hôpital, et que les soldats qu'ils y envoyaient recevraient, comme par le passé, les soins les plus dévoués. Le 18 juillet 1918, trois grands blessés nous furent envoyés de Vineuil. Le 20, le dépôt de Chantilly nous envoya deux malades. Vers le 22 juillet, mon hôpital comptait six blessés.

Il était prêt à recevoir aussi les victimes que pouvaient faire les incursions nocturnes des *Gothas*. En effet, les bombardements, comme je l'ai dit plus haut, ne cessèrent que vers le 16 septembre. Je rappellerai ceux du 4 et du 18 juillet, qui jetèrent l'effroi dans la population. Une nuit de juillet, on amena à l'hôpital plusieurs personnes de Chaumont, qui avaient été blessées par des éclats de bombes.

*
* *

J'ajouterai enfin que, dans ces temps si troublés, les accidents étaient fréquents : c'est tout naturellement à mon hôpital que l'on songeait d'abord, pour y transporter les blessés.

Au milieu de la nuit du 7 au 8 juillet, des coups violents étaient frappés à la porte. On courut ouvrir : c'étaient des soldats, conduisant une femme qui s'était blessée, en faisant sur la route une chute de bicyclette. Nous étions curieuses de savoir qui était cette femme, et ce qu'elle pouvait faire sur les grands chemins à pareille heure. Nous finîmes par apprendre qu'elle habitait Gouvieux, et qu'elle était mère de trois enfants. Elle resta un jour à l'hôpital, où elle fut soignée par des médecins militaires, qui avaient été témoins de l'accident.

*
* *

En somme, du mois d'avril au mois de septembre 1918, la région de Chantilly, où les effets de la guerre se faisait sentir de la façon la plus brutale, n'offrit pas plus de sécurité que dans le courant des mois d'août et de septembre 1914.

Aussi, vivions-nous, les religieuses et moi, dans des transes continuelles. Certes, nous faisions tous nos efforts pour paraître calmes, et nous conservions, malgré tout, au fond de nos cœurs, l'espoir que la victoire finale récompenserait la vaillance de nos défenseurs. Mais, parfois aussi, nous avions l'appréhension de dangers imprécis, dont certains incidents nous révélaient brusquement la proximité et la gravité. Ainsi, une torpille allemande tomba une fois dans le parc des Fontaines, où elle creusa un trou de huit mètres de large. Une seconde torpille tomba, quelques temps après, tout près de la maison de mon mécanicien, qui fut fort détériorée. Je me souviens encore qu'une bombe éclata un jour dans la rivière, en soulevant une grande gerbe d'eau.

*
* *

Pour me distraire de mes préoccupations journalières, je faisais, toutes les fois qu'une occasion se présentait, quelques excursions dans les environs de Chantilly et de Gouvieux. De préférence, je visitais les hôpitaux et les ambulances, et, souvent je rapportais de ces visites, touchant l'organisation et le fonctionnement des formations sanitaires, d'utiles enseignements que je me hâtais de mettre à profit dans ma maison de Gouvieux. C'est ainsi que j'allai, un jour, visiter un hôpital, destiné aux Écossais, qui avait été installé à Royaumont.

XXII

Visite a l'hôpital écossais de Royaumont.

L'ancienne abbaye de Royaumont, qui appartient à M. Gouin, est très remarquable, notamment par les ruines d'une ancienne chapelle que le propriétaire actuel a fait restaurer avec un goût parfait. L'abbaye s'élève au milieu d'un parc magnifique. Dès les premiers temps de la guerre, monsieur Gouin avait mis ce beau domaine à la disposition de l'autorité militaire, et celle-ci avait attribué Royaumont à nos alliés britanniques, qui y avaient installé un hôpital. Un comité avait pris la direction de cette fondation, où seules des dames écossaises remplissaient toutes les fonctions et tous les emplois, depuis la charge de directrice jusqu'aux emplois d'infirmières et de conductrices d'automobiles. La directrice était une personne du plus grand mérite. C'était toujours un plaisir pour moi d'aller lui faire visite et de causer avec les blessés, qui étaient admirablement soignés. Un jour, je me rendis de Gouvieux à Royaumont en automobile. Mais, au moment de rentrer chez moi, je m'aperçus que mon chauffeur avait un peu trop « fêté la bouteille », et qu'il était hors d'état de me conduire. Après quelques pourparlers avec la directrice de Royaumont, j'obtins qu'elle mît à ma disposition une voiture d'ambulance pour me ramener à l'hôpital de Gouvieux. Ce ne fut pas, d'ailleurs, sans difficulté que cette faveur me fut accordée, car il ne restait plus qu'une seule voiture d'ambulance à Royaumont, et la directrice craignait que, pendant le trajet de Royaumont à Gouvieux, on ne lui demandât précisément cette voiture pour transporter des blessés. Enfin, je pus, après quelques péripéties, regagner mon hôpital de Gouvieux.

*
* *

A Paris, dans cette période si angoissante d'avril 1918, l'inquiétude était aussi très grande.

La population, qui avait « tenu » pendant si longtemps avec tant de courage, commençait à souffrir maintenant d'une sorte de dépression morale, conséquence inévitable de la trop longue durée de cette terrible guerre. Les femmes, les personnes affaiblies par l'âge, par les privations ou par les inquiétudes affluaient dans les gares et fuyaient la grande ville, menacée, plus encore qu'en 1914, par les bombardements et par l'avance des armées ennemies. Des personnes, soi-disant bien informées, n'allaient-elles pas jusqu'à affirmer, que les Allemands devaient bientôt installer, à une certaine distance de Paris, des batteries de canons de très gros calibre, pour anéantir la capitale? Le bombardement par les « Berthas » semblait donner quelque apparence de réalité à ces bruits alarmants. Comme en 1914, des foules de gens affolés remplissaient les gares, et voulaient à tout prix se réfugier en province, espérant trouver, loin de Paris, avec la sécurité matérielle, un peu de calme et de repos.

Mes amis insistèrent alors pour me faire quitter les Fontaines. Mais je ne pouvais pas me décider à partir de nouveau, malgré le peu de sécurité qu'offrait Chantilly. Je voulais rester auprès de mes blessés, me considérant comme engagée d'honneur à donner l'exemple de l'attachement au devoir, qu'il faut pratiquer en toutes circonstances, sans avoir un souci excessif des conséquences que notre fermeté peut entraîner.

XXIII

Départ pour Fréteval. — Séjour dans le Loir-et-Cher (3 juin-24 juillet 1918).

Après quelques hésitations, nous résolûmes, la Baronne Leonino et moi, de nous retirer pour quelque temps dans le département du Loir-et-Cher, à Fréteval, où mon fils avait mis à notre disposition une petite propriété dans laquelle, avant la guerre, il allait parfois chasser, en compagnie de ses amis.

La petite ville de Fréteval est située sur les bords du Loir, à quelques kilomètres de Vendôme, dans un pays fort agréable, où abondent les souvenirs de la guerre de 1870. C'est, en effet, par la vallée du Loir, que, dans l'hiver de « l'année terrible », nos armées, dites de la Loire, sous le commandement du général Chanzy, se mirent en retraite vers l'ouest, avant de livrer à l'ennemi la bataille du Mans.

Les armées allemandes du prince Frédéric-Charles, du grand-duc de Mecklembourg et du bavarois Von der Thann avaient alors ravagé effroyablement ces pays.

De nos jours, l'invasion allemande ne s'était heureusement, pas étendue, comme en 1870, jusqu'à la Loire. Cependant tout le pays entre ce fleuve et le Loir était, quand nous arrivâmes, rempli de soldats, comme un demi-siècle auparavant. Mais, maintenant, on ne voyait plus que des Français, que les trains conduisaient des dépôts vers le front. Malheureusement, les voies ferrées étaient aussi encombrées de trains sanitaires, qui amenaient de trop nombreux blessés dans les hôpitaux du centre et du midi de la France.

Ce fut à ces braves gens que nous pensâmes naturellement, ma fille et moi, dès que nous fûmes installées dans cette petite localité de Fréteval, dont la gare recevait chaque jour plusieurs trains de blessés. A l'intention de ces pauvres soldats, les dames du pays avaient établi, dans la gare même, une cantine et un office de secours. Nous ne tardâmes pas à faire la connaissance de ces personnes charitables, et, notamment, de la femme du directeur d'une usine assez importante, qui s'était créée à Fréteval. Nous nous joignîmes à elles, pour distribuer, chaque jour, aux blessés que les trains amenaient, des vêtements, des provisions, des rafraîchissements et du tabac. Les braves soldats paraissaient très satisfaits de recevoir ces petits cadeaux. J'avais remarqué que beaucoup d'entre eux étaient particulièrement contents d'avoir des fleurs. Je fis faire alors par le jardinier de mon fils de petits bouquets, que nous apportions chaque jour à la gare, pour les distribuer aux soldats. Une fois, comme je venais d'achever une distribution de fleurs, des blessés, qui se tenaient debout aux portières, levèrent leurs coiffures, au moment où le train allait quitter la gare, et me saluèrent en criant : « Merci, merci, grand'mère ! » C'était à mes cheveux blancs que s'adressait cette affectueuse qualification.

A plusieurs reprises, nous fîmes, ma fille et

moi, quelques rapides excursions dans les villes voisines de Fréteval. Nous allâmes plusieurs fois à Vendôme, petite ville fort coquette, dont les magasins, installés avec goût, nous fournirent des provisions très variées et toutes sortes d'objets dont nous faisions offrande à nos blessés de passage dans la gare de Fréteval. Une seule fois, nous nous rendîmes à Blois ; mais nous n'avions pas l'esprit assez libre pour admirer en tout repos les jolies contrées que baigne la Loire, ni pour évoquer les souvenirs historiques si nombreux que rappellent ces châteaux et ces villes d'une province qui fut, pendant longtemps, comme le cœur de l'ancienne France.

Nous demeurâmes, ma fille et moi, environ six semaines à Fréteval, où nous suivions, avec une anxiété que l'on comprendra, les péripéties de la guerre. Dans le courant du mois de juillet, le sourd grondement du canon arriva plusieurs fois jusqu'à nous. C'était l'écho lointain des grandes batailles qui se livraient à l'est et au nord de Paris. Enfin, dans les derniers jours de ce même mois de juillet, de bonnes nouvelles commençaient à arriver du front. Nous nous empressâmes de regagner Paris. Je n'y restai que peu de temps, et je revins en hâte à Chantilly, où j'espérais maintenant demeurer jusqu'à ce que la guerre fût entièrement terminée.

XXIV

Retour aux Fontaines (24 juillet 1918). — L'hôpital de Gouvieux dans les derniers temps de la guerre.

Le 24 juillet 1918, je revins enfin dans mon hôpital de Gouvieux. Je me souviens encore avec émotion de la réception si touchante que me firent les religieuses et les blessés. Tous étaient heureux de me revoir, et surtout de se dire que je ne m'éloignerais plus. Deux jours après, en effet, je m'installai aux Fontaines, et je devais y rester, heureusement, jusqu'à la fin des hostilités.

Lors de mon retour, mon hôpital comptait dix-huit blessés, provenant, comme je l'ai dit plus haut, de Creil, de Vineuil et autres formations de la région. Parmi mes hôtes, je trouvai, avec une grande surprise, un officier supérieur anglais, accompagné de son ordonnance. On l'avait envoyé chez moi à titre exceptionnel, parce qu'il avait été victime d'un accident dans les environs de la gare de Chantilly. L'officier et le soldat, qui entendaient à peine le français et ne le parlaient pas, occupaient des chambres à part dans l'hôpital. L'officier parut fort heureux de trouver en moi une personne avec qui il pouvait converser dans sa langue maternelle. Il vint à plusieurs reprises me faire visite aux Fontaines et prendre le thé avec moi sur la terrasse. Il prenait plaisir à me raconter ses campagnes et les incidents d'un séjour qu'il avait fait en Russie.

Tandis qu'il était en traitement à Gouvieux, il apprit sa nomination au grade de colonel. Malgré nos instances pour le retenir, et bien qu'il ne fût pas complètement guéri, il voulut quand même partir en toute hâte pour rejoindre son régiment.

Au mois d'août de cette même année 1918, les formations de Vineuil, de Senlis et de Chantilly nous envoyèrent de nouveau des blessés. Le nombre de mes hôtes fut de vingt-et-un jusqu'au mois d'octobre. Fréquemment, j'invitais les blessés les plus valides à venir goûter aux Fontaines et à se promener dans le parc. C'était une grande distraction pour ces braves soldats, qui ne savaient comment me témoigner leur reconnaissance.

Depuis le mois de juillet jusqu'au milieu de septembre 1918, et durant toute la fin de ce mois, la victoire de nos armées s'accentua. Je profitai de l'accalmie générale pour aller, au mois d'octobre, visiter mon hôpital de Berck-sur-Mer. Le 30 octobre, je revins à Paris.

J'étais heureuse alors de pouvoir, libre de tout souci, me consacrer entièrement à mes chers blessés. Maintenant la guerre touchait à sa fin, et cette fin, c'était la victoire ! Sur toute la ligne du front, l'invasion reculait. La France allait être enfin délivrée ! Nous vivions tous dans la joie.

Ma petite-fille Nadine et mon petit-fils Philippe m'avaient rejointe aux Fontaines, dès le commencement du mois d'octobre. Ils m'accompagnaient dans mes visites quotidiennes à l'hôpital de Gouvieux, ils comblaient d'attentions les blessés, les servant à table, et charmant tout le monde par leur gentillesse et leur simplicité.

La joie que j'éprouvais à me retrouver parmi ces braves soldats, qui, tous, étaient mes amis, me faisait oublier les angoisses passées. Les souvenirs douloureux des épreuves subies ne devaient-ils pas se dissiper devant l'éclat radieux de la victoire, comme de sombres nuages se dissipent aux rayons du soleil ?

XXV

Fermeture de l'hôpital de Gouvieux (juin 1919).

Peu à peu, les blessés, pour la plupart en voie de guérison, quittaient l'hôpital de Gouvieux, où ils avaient passé des heures parfois bien dures. Et cependant, tous, en partant, étaient émus et semblaient éprouver de sincères regrets. L'homme est ainsi fait qu'il s'attache même aux lieux où il a souffert. Comment ne regretterait-il pas ceux où il a vécu dans une atmosphère d'affection et de dévouement?

*
* *

Rentrés dans la vie civile, presque tous « mes » blessés m'ont adressé des lettres touchantes pour m'exprimer leur reconnaissance. Si ces pages viennent à tomber sous leurs yeux, je veux qu'ils sachent que c'est moi qui garde, au fond du cœur, avec le souvenir de mes chers hôtes, une sincère gratitude pour les braves à qui la France a dû la liberté et la gloire.

*
* *

Enfin, le 11 novembre 1918, à onze heures du matin, les mêmes cloches qui, le 2 août 1914, avaient sonné la mobilisation générale, firent retentir leurs plus joyeux carillons pour annoncer la signature de l'armistice. Mes blessés, que j'étais allée rejoindre à l'hôpital, étaient dans une joie qui tenait du délire. Ils me demandèrent la permission, que je m'empressai de leur accorder, d'aller sonner la grosse cloche de l'église. Ensuite, réunis à l'hôpital, nous bûmes à la prospérité et à la gloire de la France.

Le lendemain, nous eûmes la douloureuse surprise de recevoir à l'hôpital quelques-unes des dernières victimes de la guerre : c'étaient trois grands blessés, dont un avait été amputé des deux cuisses. Je procurai à ce malheureux des membres artificiels. J'ai eu, depuis, l'occasion de le revoir à plusieurs reprises.

*
* *

Du 13 au 21 novembre, nous reçûmes d'autres blessés encore ; un d'eux, amputé des deux jambes, fut pourvu, comme ses camarades, de membres artificiels.

*
* *

Ce fut au milieu de la joie générale et libérés de tout souci pour l'avenir, que nous célébrâmes les fêtes de Noël 1918 et du premier jour de l'an 1919. Nous nous étions réunis dans le petit salon, orné, comme d'habitude, de plantes vertes ; et je ne pus me défendre d'une émotion profonde, en recevant les compliments de mes chers blessés. Je songeais, en effet, que ma tâche allait être bientôt terminée, et que c'était pour la dernière fois que je voyais mes bons et braves soldats groupés autour de celle qu'ils avaient si souvent appelée leur « chère bienfaitrice ».

Le 16 janvier 1919, une dépêche du Grand Quartier Général nous enjoignit d'évacuer immédiatement les soldats hospitalisés dans ma maison de Gouvieux. Je fis aussitôt rédiger par le secrétaire de la mairie une lettre que j'envoyai moi-même au généralissime, pour solliciter l'autorisation de garder les grands blessés quelque temps encore, jusqu'à leur complète guérison.

Ma demande était d'autant plus fondée, qu'il fallut, le 22 janvier suivant, faire une grave opération au blessé amputé des deux jambes, et lui enlever presque entièrement le fémur. Ce pauvre soldat était marié et père de deux enfants : « il sera maintenant mon troisième », dit sa jeune femme, en apprenant la terrible opération que son pauvre mari venait de subir.

*
* *

La demande que j'avais adressée au généralissime n'eut pas d'effet utile. Le 1er février 1919, une circulaire du ministre de la guerre nous informa que « vu la réorganisation des services », il n'y avait plus lieu « d'utiliser l'hôpital auxiliaire N° 33. En conséquence mon hôpital aurait dû être immédiatement fermé. Cependant, une missive du 11 février, atténuant les effets de la circulaire précitée, me fit savoir que j'étais autorisée à « utiliser la formation comme par le passé, dans les intérêts de l'hospitalisation ». Je pus donc conserver chez moi quelques grands blessés, à qui le Docteur Ehrhardt continua à donner les soins les plus dévoués et les plus éclairés.

Le 18 février 1919, un certain nombre de blessés partirent.

Comme il fallait prévoir pour un temps prochain la clôture définitive de l'hôpital, les sœurs travaillèrent assidûment à remettre en ordre la maison, qui reprit l'aspect et même l'organisation qu'elle avait avant la guerre.

*
* *

Les derniers départs eurent lieu au mois de juin 1919. Les deux derniers mutilés qui nous restaient quittèrent alors l'hôpital, et ma maison de Gouvieux fut définitivement fermée. —

A cette date, mon hôpital avait reçu et soigné 492 soldats blessés.

Je ne pus me défendre d'une profonde mélancolie en trouvant vide la maison qui, pendant de longs mois, avait abrité cette jeunesse ardente et généreuse, dont l'héroïsme avait sauvé la France. Je ne reverrais donc plus mes chers blessés, auprès de qui j'avais passé des heures souvent bien tristes et pleines d'angoisses, mais dont le souvenir restait cher à mon cœur, car j'avais voué à ces braves jeunes gens une affection maternelle très sincère et très vive !

*
* *

Ce fut alors, et c'est encore aujourd'hui pour moi une consolation de penser que j'ai pu, avec l'aide des bonnes religieuses, m'acquitter un peu de mes devoirs envers notre chère patrie, et rendre quelques services à nos glorieux blessés.

Je me plais à espérer que, revenus dans leurs foyers, et repris par les multiples occupations de la vie civile, ils gardent au fond de leurs cœurs si bons et si reconnaissants, un souvenir ému de la petite maison de Gouvieux, où je me suis efforcée, pendant près de cinq ans, d'atténuer leurs souffrances, d'adoucir leurs maux, de leur procurer un peu de réconfort et de bien-être, heureuse si j'ai pu conserver à la patrie quelques-uns des héroïques guerriers qui l'ont si noblement et si bravement défendue.

*
* *

Je veux encore, en écrivant ces dernières lignes touchant mon hôpital de Gouvieux, adresser une affectueuse pensée et un sincère remerciement aux excellentes religieuses et aux médecins si dévoués, grâce à qui j'ai pu accomplir une tâche qui fut souvent ardue, mais qui, cependant, me fut toujours très douce à remplir.

DEUXIÈME PARTIE

LES BLESSÉS MILITAIRES DANS MON HOPITAL DE BERCK-SUR-MER. MES VISITES A BERCK.

I

L'Hôpital « Nathaniel de Rothschild ». Ses origines.

Pendant toute la durée de la guerre, les circonstances m'avaient trop souvent retenue loin de mon hôpital de Berck-sur-Mer. Mais cette maison, à laquelle j'ai toujours été étroitement attachée, n'en était pas moins restée l'objet, dans mon esprit, de ma constante sollicitude. Toutes les fois que je le pus, et quelles que fussent les difficultés du voyage, je me rendis à Berck, et je séjournai auprès de mes blessés le plus longtemps possible.

Je voudrais rappeler ici l'œuvre utile qui, depuis le mois d'octobre 1914 jusqu'au mois de mars 1919, fut réalisée dans ma maison de Berck, au profit de plus de mille blessés.

*
* *

L'hôpital de Berck-sur-Mer avait été fondé, le 24 mai 1872, par mon mari, feu le baron James. En souvenir d'un père tendrement aimé, qui, pendant de longues années, avait eu une santé extrêmement délicate, mon regretté mari avait donné à sa fondation le nom d'« Hôpital Nathaniel de Rothschild ». Cette maison était destinée exclusivement à des enfants malades, appartenant à des familles israélites peu fortunées.

*
* *

Après la mort de mon mari, je pris la direction de la maison qu'il avait créée, et, pendant bien des années, je m'attachai à me conformer strictement aux intentions du fondateur. Rien ne fut changé aux règlements du début. Mais en présence des demandes d'admission, d'année en année de plus en plus nombreuses, qui m'étaient adressées par des personnes très diverses, et toutes fort dignes d'intérêt, j'agrandis l'hôpital, de façon à y recevoir de quarante à quarante-cinq enfants. Jusqu'à la veille de la grande guerre, plusieurs centaines de petits malades passèrent par mon hôpital de Berck. Beaucoup de ces enfants obtinrent, grâce aux soins dévoués qui leur furent prodigués, une sensible amélioration de leur santé, et même souvent une complète guérison.

II

Comment l'hôpital Nathaniel de Rothschild devint « l'hôpital bénévole n° 22 *bis*. »

Dès le début des hostilités, j'offris mon hôpital à l'autorité militaire, pour être affecté au traitement des soldats blessés. Mon offre fut acceptée. L'hôpital Nathaniel de Rothschild devint l' « hôpital bénévole n° 22 *bis* ». La maison était organisée pour quarante-cinq lits. Mais, au bout de quelques jours, nous comptâmes une soixantaine de blessés ; les premiers nous arrivèrent au mois d'octobre 1914.

Il nous fallut déployer beaucoup d'activité et d'initiative, et, selon l'expression consacrée, « nous débrouiller », pour arriver à loger nos hôtes et organiser les services. D'ailleurs, tout était à créer, à commencer par les moyens de transport de la gare aux hôpitaux de Berck. On réquisitionna à cet effet des véhicules de toute sorte, même les petites voitures qui promenaient les malades sur la plage. Un soir de violente tempête, une voiture, chargée de blessés, fut renversée par le vent dans l'avenue conduisant à mon hôpital ; nous n'eûmes, heureusement, aucun accident à déplorer.

III

L'HÔPITAL DE BERCK AU DÉBUT DE LA GUERRE.

Mon hôpital commença à fonctionner au mois d'octobre 1914. Il ne fut fermé que le 9 mars 1919. Durant ce laps de temps, nous avons hospitalisé et soigné 1.076 militaires blessés.

*
* *

Dans les premiers temps de la grande guerre, alors que les blessés étaient encore peu nombreux chez moi, un incident, qui se produisit à l'hôpital, me fut particulièrement pénible.

Pendant trente ans, j'avais employé à Berck, comme infirmière, une jeune femme du nom de Lina, qui était d'origine allemande. Elle avait admirablement soigné des centaines d'enfants malades. Au début des hostilités, elle était encore chez moi, prête à donner ses soins aux blessés. Dès qu'elle apprit la destination nouvelle de l'hôpital, Lina mit tout son zèle à en préparer le transformation. Elle organisa les nouveaux services avec une intelligence parfaite. Quand, à partir du mois d'octobre 1914, les premiers blessés arrivèrent, elle les soigna avec un dévouement sans bornes. Reconnaissants de ses soins dévoués, nos blessés témoignaient à leur infirmière une sincère affection.

J'avoue que je n'avais pas songé, au début des hostilités, à déclarer la présence dans mon hôpital de cette infirmière d'origine étrangère. D'ailleurs, Lina sortait fort rarement de l'hôpital, où elle vivait uniquement occupée de ses fonctions charitables.

Pendant quelque temps, aucun incident fâcheux ne troubla la paix de notre maison. Mais, un jour, à notre grande surprise, des gendarmes vinrent chez moi, et demandèrent où était « l'infirmière allemande ». Lina se présenta aussitôt, et, sans lui laisser le moindre répit, ils la mirent en état d'arrestation. La seule explication qu'ils donnèrent fut qu'on avait appris que Lina était de nationalité allemande, et que, dès lors, il était impossible qu'elle restât à l'hôpital. En effet, Lina, que de nombreuses personnes connaissaient depuis longtemps à Berck, n'était, comme je l'ai dit plus haut, munie d'aucune autorisation de séjour. Donc, sans vouloir permettre à la jeune femme même de dire adieu à qui que ce fût, les gendarmes l'emmenèrent. Alors, se passa une scène émouvante. Les blessés, ayant appris le brusque départ de leur infirmière, se levèrent de leurs lits, même les plus malades, coururent aux fenêtres, et crièrent à la prisonnière : « Merci, merci, mademoiselle, de tout ce que vous avez fait pour nous ! ». Cet incident produisit une telle émotion, que quelques-uns des gendarmes pouvaient à peine retenir leurs larmes. Cette manifestation fut, ce me semble, à l'honneur de nos soldats. Bien qu'ayant deviné que Lina n'était pas française, ils n'hésitaient pas, cependant à lui témoigner hautement leur reconnaissance.

*
* *

Après le brusque départ de Lina, je dus chercher de tous côtés de nouvelles infirmières. Mais, dans les premiers temps de la guerre, il était assez difficile d'en rencontrer. Plusieurs dames anglaises vinrent se présenter à moi. Je fis un choix parmi elles, et je dois dire que je n'eus qu'à me louer de leur zèle et de leur dévouement.

*
* *

L'hôpital Nathaniel de Rothschild était placé, avant la guerre, sous la surveillance d'une directrice, madame Bloch. Celle-ci resta à son poste pendant toute la durée des hostilités. Je suis heureuse de déclarer qu'au milieu même des circonstances les plus difficiles, elle s'acquitta de ses fonctions avec un zèle très méritoire et une entente parfaite des obligations nouvelles qui nous incombaient. Elle exerça constamment, tant sur les blessés que sur les diverses personnes employées dans ma maison, une surveillance très active. Elle s'occupa aussi avec le plus grand dévouement de nos enfants malades.

Peut-être s'étonnera-t-on que je parle « d'enfants malades » à propos d'un hôpital consacré aux militaires blessés. Mais je dois dire ici que, tenant beaucoup à conserver ces pauvres petits à Berck, même pendant la guerre, je les avais installés dans une partie de mon hôpital entièrement distincte de celle où je recevais mes blessés. On trouvera plus loin des détails complémentaires sur ces dispositions, auxquelles j'attachais alors une grande importance.

Grâce à l'activité de madame Bloch, l'ordre le plus parfait et la plus stricte tenue matérielle et morale régnèrent dans l'hôpital bénévole 22 *bis*. Quand la guerre fut terminée, le gouvernement français reconnut justement les mérites de ma directrice, en lui conférant la médaille de la reconnaissance nationale.

*
* *

Les infirmières attachées aux différents services de mon hôpital s'acquittèrent, elles aussi, de leurs pénibles fonctions avec une abnégation et une bonne grâce auxquelles je tiens à rendre hommage. Pendant plus de quatre années, elles ne cessèrent pas un seul jour d'entourer les blessés des soins les plus dévoués. Cependant, la besogne était souvent bien lourde, et les émotions furent parfois très vives, surtout quand arrivaient des soldats atteints d'affreuses blessures. Mais ces dames, dont quelques-unes étaient encore jeunes, montrèrent en toutes circonstances un rare courage. Une d'elles, un jour, soignait un grand blessé, et elle était en train de lui faire un pansement, quand, soudain, le malheureux trépassa entre ses mains ; on juge de l'émotion qu'éprouva la jeune femme.

Un instituteur attaché à l'école des garçons de Berck-Ville, M. Mouillez, remplit dans mon hôpital, sans cesser d'assurer ses obligations professionnelles, les fonctions de secrétaire et d'administrateur pendant toute la durée de la guerre, qui l'éprouva durement par la perte d'un fils chéri. Avec une régularité scrupuleuse, M. Mouillez tint le registre des entrées et des sorties, et assura la conservation du matériel, ainsi que des effets particuliers appartenant aux blessés. Il consigna aussi, dans des notes spéciales, divers incidents dont il fut le témoin. Avec une obligeance dont je tiens à le remercier ici, il a mis à ma disposition ces documents, qui constituent une sorte d'historique de mon hôpital pendant la grande guerre. Ces notes m'ont été fort utiles pour la rédaction de mes « souvenirs ».

IV

A LA RECHERCHE DES BLESSÉS. UN VOYAGE DIFFICILE.

Je relaterai ici un incident qui montre quelles complications inextricables surgissaient parfois, dans les premiers temps de la guerre, dans ces régions du Nord de la France, qui étaient directement sous la menace, ou, pour mieux dire, sous l'étreinte de l'invasion.

Le 26 août 1914, nous reçûmes, à l'hôpital de Berck, à huit heures du matin, une dépêche qui nous prescrivait d'aller prendre des blessés à Amiens, pour les transporter et les soigner à l'hôpital bénévole 22 *bis*. Nous formâmes aussitôt une équipe composée de trois infirmières et de quatre hommes, qui devaient remplir l'office de brancardiers. Deux automobiles, garnies de boîtes de secours et de réconfortants, furent préparées pour transporter ce personnel à Amiens. Mais il fallut tout d'abord se rendre à Montreuil pour obtenir un laissez-passer de la sous-préfecture, car ces pièces n'étaient valables que si elles étaient délivrées, non par les autorités locales, mais par les préfets et sous-préfets. Après de longues démarches, les infirmières purent enfin se mettre en route, mais seulement dans l'après-midi. Les voitures furent maintes fois arrêtées pour la vérification des papiers. Les routes étaient barrées par des postes de tirailleurs sénégalais : ces braves soldats, pleins de méfiance, comprenaient mal les explications, et n'obéissaient, d'ailleurs, qu'aux ordres donnés directement par un de leurs chefs immédiats. Tous les quatre ou cinq kilomètres, il fallait recommencer avec de nouveaux pelotons de noirs des pourparlers interminables.

A Amiens, les infirmières durent, pour expliquer leur mission et être mises en état de la remplir, courir de bureaux en bureaux, où personne ne put ou ne voulut les renseigner. Enfin, le général commandant la place, à qui elles s'adressèrent en suprême recours, leur annonça que les derniers blessés qui se trouvaient à Amiens avaient été évacués dans les premières heures de ce jour. Les Anglais avaient en même temps commencé l'évacuation de leur matériel et de leurs ambulances. Le général conseillait aux infirmières de repartir immédiatement pour Berck. Le conseil fut suivi. Les voitures, avec les infirmières, prirent la route d'Abbeville, qui était gardée par des postes de gendarmes et de Sénégalais ; ceux-ci, pour plus de sûreté, avaient de loin en loin. tendu des cordes et abattu des arbres, afin d'empêcher la circulation. Vers onze heures du soir, les infirmières, harassées de fatigue et mourant de faim, arrivèrent à Abbeville, où elles purent se reposer un peu et se restaurer. Elles avaient quitté Amiens fort à propos, car, cette même nuit, les Allemands arrivaient aux portes de la ville. Enfin, nos voitures purent, sans trop de difficulté, rentrer à Berck, mais sans blessés. A l'hôpital, médecins et infirmières attendaient avec impatience le convoi, qui devait être le plus important de ceux qu'on nous avait envoyés jusqu'alors. Depuis, nous avons reçu d'une façon plus rapide et moins compliquée de nombreux soldats, qu'attendait chez nous l'hospitalité la plus cordiale.

V

Les enfants malades hospitalisés a Berck.

Malgré l'affluence des blessés militaires, dès le début des hostilités, mon hôpital, comme je l'ai dit plus haut, continua à recevoir et à soigner un certain nombre d'enfants malades. On pouvait craindre que leur présence n'indisposât l'autorité militaire, qui jugerait peut-être la surveillance trop difficile, et critiquerait ce rassemblement inusité de malades civils et de blessés militaires. Mais je pris des dispositions qui assurèrent l'isolement complet de ces derniers, et qui prévinrent toutes les objections possibles. Je décidai qu'une aile de la maison serait spécialement réservée aux enfants malades. Aucune communication n'existait entre cette partie de l'hôpital et celle où étaient soignés les blessés. Ces services, absolument distincts, purent donc fonctionner indépendamment les uns des autres, sans que jamais aucune gêne ni aucun inconvénient en résultât. Souvent, les généraux qui venaient visiter les blessés eurent la curiosité bien légitime de jeter un coup d'œil dans les salles réservées aux petits malades; ils furent toujours frappés du bon fonctionnement de ces services si dissemblables, et, à maintes reprises, ils témoignèrent leur surprise et, aussi, leur entière satisfaction, en constatant l'ordre parfait qui régnait dans les salles des enfants malades, ainsi que dans le quartier des militaires blessés.

VI

En mémoire de quelques blessés. Les blessés noirs.

J'ai gardé un souvenir ému de quelques-uns des pauvres soldats qui devinrent alors mes hôtes. Je me souviens, notamment, d'un malheureux, nommé Bossonney, qui était âgé d'une trentaine d'années, et qui fut envoyé chez moi dans un état lamentable, avec de très graves blessures aux jambes. Ce pauvre garçon était originaire de Chamonix. Il était guide, et avait la spécialité de conduire au Mont Blanc les touristes qui voulaient faire l'ascension. Le malheureux dut subir l'amputation d'une jambe ; l'autre, très grièvement atteinte, était hors d'usage. Quand il dut quitter l'hôpital, sa sœur vint le chercher à Berck, et tous deux me firent une visite à Paris. Je les conduisis dans le « Grand magasin de blanc », où je voulais faire pour Bossonney quelques achats de linge. Le pauvre blessé, très entouré dès son entrée dans le magasin, fut l'objet de la sympathie des employés et du public.

Revenu à Chamonix, il s'est installé dans une cabane, où, à l'aide d'un télescope, il montre aux touristes les sommets qui dominent les massifs environnants, et il indique les noms de ces hautes montagnes, qui, maintenant, hélas, sont pour lui inaccessibles. Que de malheureux sont, comme le pauvre Bossonney, revenus dans leur pays natal atrocement mutilés, infirmes, et presque hors d'état de pouvoir, désormais, gagner leur vie ! La vue de tant de misères me faisait de plus en plus prendre en horreur cette affreuse guerre.

*
* *

Mon hôpital de Berck ne reçut qu'un petit nombre de soldats noirs blessés. Comme ceux qui avaient été hospitalisés à Gouvieux, ils avaient des âmes simples ; tels que des enfants, la moindre attention de ma part leur causait une joie infinie, et comme je m'intéressais sincèrement à eux, ils me témoignaient de cent manières, toujours ingénues, leur affectueuse reconnaissance. Ils m'appelaient « Mémé », c'est-à-dire « Maman », et ce mot, par lequel ils me saluaient, résumait, dans sa simplicité enfantine, tous leurs sentiments de gratitude et de respect.

Un de ces pauvres noirs avait eu les pieds gelés, et il endurait des souffrances qui lui arrachaient de lamentables gémissements. Un jour, étendu sur son lit, il se plaignait ainsi qu'à l'ordinaire. Tout à coup, les gémissements s'arrêtent : « Tu n'as donc plus mal ? » demande un sergent au blessé. « Si, si, je souffre toujours, répond celui-ci, mais voici « mémé » qui entre, et je ne veux pas qu'elle m'entende ; elle aurait trop de peine ». Je fus bien touchée en apprenant ce trait. Ne montre-t-il pas quelle délicatesse de sentiment peut se cacher sous l'enveloppe rude et grossière de ces hommes. qu'on appelle parfois, non sans dédain, des « primitifs » ?

VII

Le dispensaire de Berck-sur-Mer. Son origine. Comment il fut utilisé pendant la guerre.

Outre l'hôpital dont je viens de parler, j'avais aussi à Berck un dispensaire. Voici quelle en avait été l'origine.

En juin 1892, mon fils Henri avait eu l'heureuse idée d'installer à Berck une infirmière dont la mission devait consister à visiter et à soigner à domicile les malades de la localité. En raison de l'accroissement rapide de l'agglomération berckoise, cette infirmière volante ne tarda pas à être débordée par la besogne qui lui incombait. Comme les services qu'elle rendait étaient de première nécessité, je compris qu'une transformation s'imposait. J'achetai donc une petite maison ; je l'organisai d'une façon commode et pratique, et j'y installai, avec le titre d'infirmière-chef, mademoiselle Caroline Hutter, dont j'avais pu apprécier les grands mérites. Ainsi fut créé mon dispensaire de Berck-Plage. Il prit en peu de temps une extension telle, que je dus agrandir la maison, qui fut aménagée de façon à recevoir sept ou huit malades. Mademoiselle Hutter, l'infirmière-chef, devint la directrice du dispensaire. Elle était aidée par une cuisinière, une fille de service, deux infirmières et un infirmier. Ainsi transformé, le dispensaire reçut de nuit et de jour des blessés et des malades appartenant à la population de Berck. Il rendit de très grands services.

*
* *

Quand l'autorité militaire eut accepté l'hôpital Nathaniel de Rothschild, je fis de pressantes démarches pour obtenir qu'on envoyât aussi au dispensaire des militaires blessés. Mais les chefs à qui je m'étais adressée hésitaient à accueillir favorablement mon offre, redoutant des complications d'ordre administratif, et craignant qu'il ne fût trop difficile d'organiser et d'assurer la surveillance des blessés dans des bâtiments isolés les uns des autres. Enfin, après une longue attente, je reçus au dispensaire quelques grands blessés et des malades. Les neuf lits du dortoir furent occupés par les grands blessés. Les malades furent soignés dans les services externes. Mais je dois dire que, pendant toute la durée de la guerre, le nombre des uns et des autres fut, au total, relativement restreint, surtout si l'on songe à la foule des malades et des blessés qui, de 1914 à 1919, furent envoyés dans les formations sanitaires de Berck. D'ailleurs, pendant toute la guerre, mon dispensaire, qui était, à Berck, la seule institution de ce genre, continua à rendre les mêmes services qu'en temps de paix, c'est-à-dire qu'il assura à la population berckoise les soins médicaux et chirurgicaux que réclamaient les malades nécessiteux, qui furent alors de plus en plus nombreux. En outre, tout en répondant aux besoins de sa clientèle ordinaire de pauvres gens, le dispensaire soigna dans ses services externes et hospitalisa dans son dortoir les malades et les blessés que nous envoya l'autorité militaire.

*
* *

Au moment de la mobilisation, le personnel médical et chirurgical du dispensaire se composait des docteurs Audion, Calot et Loze. MM. Audion et Loze partirent dès le début, pour rejoindre les postes auxquels ils étaient affectés, ainsi que l'infirmier François Herbel, qui disparut dès le début de la guerre, et dont on n'eut jamais de nouvelles. Le Dr Calot resta seul pour assurer le service, Il fut aidé par son neveu, le Dr Fouchet, qui devint chirurgien du dispensaire. Plus tard, le Dr Fouchou fut adjoint au Dr Calot. Mais il dut, pendant plusieurs mois, abandonner son service à la suite d'un terrible accident. Victime de son dévouement, le Dr Fouchou eut le bras droit brûlé par les rayons X, et il dut subir l'amputation. Pour les grands services qu'il avait rendus aux blessés, et pour son héroïque dévouement, le Dr Fouchou reçut plus tard la médaille de la reconnaissance française et la croix de la Légion d'Honneur.

Pendant l'absence du Dr Fouchet, le Dr Calot

eut comme adjoints successivement, le Dr Bernard, lui-même grand blessé de guerre, le Dr Baillet, de Paris, les Drs Maurat et Bergougnat. Je rends hommage à ces médecins, qui soignèrent les blessés et les malades, tant militaires que civils, avec un zèle et une science admirables, et je leur exprime une fois de plus ma très vive gratitude.

*
* *

On me permettra d'accorder un souvenir particulier au Dr Audion. Envoyé à Maubeuge, il se distingua dans la défense de cette place, combattant à côté des soldats, soutenant leur énergie, relevant leur moral par son exemple et ses discours. Une citation très élogieuse et la croix de la Légion d'Honneur récompensèrent son courage et sa belle conduite. Interné en Allemagne après la reddition de Maubeuge, le Dr Audion subit une dure captivité dans divers camps de prisonniers. Rentré en France avec le corps médical, il fut affecté en dernier lieu à des formations sanitaires de l'intérieur.

*
* *

Parmi les grands blessés qui furent soignés au dispensaire, se trouvait un jeune soldat, qui avait une blessure très grave à un bras. Il resta dix-huit mois en traitement au dispensaire. Au bout d'un an, on crut que le bras fracturé serait irrémédiablement perdu ; mais le médecin chef eut l'idée de recourir à un chirurgien américain, qui pratiquait avec succès la greffe osseuse. Grâce à cette heureuse intervention, le blessé conserva son bras, sans pouvoir, cependant, s'en servir facilement. Après la guerre, il fut nommé professeur dans un lycée de province ; il se maria, et il est maintenant père de famille.

*
* *

Il convient d'ajouter aux blessés militaires un certain nombre de blessés civils, enfants et adultes, qui furent victimes d'engins de guerre, détonateurs, grenades, fusées, etc..., ramassés, soit dans les environs de Berck, soit dans les fossés, le long des routes et dans la campagne.

Ces accidents, dont un trop grand nombre furent mortels ou entraînèrent des mutilations très graves, étaient des conséquences presque inévitables des faits de guerre, et de la vie anormale que menaient alors les civils, en contact permanent avec les militaires.

Voici un exemple. Au mois de mars 1916, 6.000 soldats d'infanterie furent dirigés sur Berck, où ils devaient prendre quelques jours de repos. Il fallut en toute hâte trouver des logements pour tous ces nouveaux venus, que la population de Berck reçut avec enthousiasme et traita avec la plus grande cordialité. Pour certains soins qui étaient indispensables à ces hommes si fatigués, j'offris mon dispensaire, qui eut alors l'occasion de rendre de grands services, en donnant aux soldats, en dehors des consultations, des pansements, des massages, des bains, des soins hygiéniques, etc... Brusquement, le 27 mars, les troupes reçurent l'ordre de partir sans délai. Tous les habitants de Berck accoururent pour saluer leurs hôtes, leur apporter des vivres, du vin, du tabac et des provisions de toute sorte. Pour pouvoir emporter plus facilement ces encombrants cadeaux, les soldats jetèrent hors de leurs sacs et de leurs musettes tout ce qui les gênait, cartouches, grenades et autres engins, qui tombèrent au hasard à terre, dans les fossés et dans les champs. Ce fait, que je cite parmi d'autres du même genre, fut, par la suite, la cause de nombreux accidents, qui, souvent, se produisirent longtemps après la guerre. Ainsi on amena un jour au dispensaire un jeune homme qui avait été blessé à la jambe par une grenade, et qui, à la suite de cet accident, resta longtemps infirme. Quand il nous quitta, il était guéri. J'eus la satisfaction de trouver pour lui une place, dans laquelle il put gagner honorablement sa vie. Je citerai encore un accident dont fut victime, en 1922, un jeune garçon qui eut les doigts des deux mains, sauf les pouces, emportés par une grenade.

*
* *

En résumé, le dispensaire soigna pour des blessures faites par des engins de guerre, neuf civils : deux enfants et sept hommes ; un enfant et un homme moururent des suites de leurs blessures.

*
* *

De 1914 à la fin de 1918, le dispensaire reçut et traita des blessés et des malades, tant civils que militaires. Le nombre de ces derniers fut de 305. On compta 905 consultations et plus de 2.000 pansements. Huit blessés furent soignés au dispensaire pendant 1.149 jours.

VIII

Mes visites a l'hôpital de Berck, dans les premiers temps de la guerre (1915-1916).

Ce fut seulement au mois de mars 1915 que, pour la première fois, je pus me rendre à Berck. Dans ce premier voyage, ainsi que dans les suivants, je pris le chemin de fer de Paris à Amiens. A partir de cette ville, je pus, grâce à la permission spéciale que m'accordèrent les autorités anglaises, continuer mon voyage en automobile. Grâce à cette tolérance, je pouvais gagner Berck en un temps relativement court. J'ajouterai que l'itinéraire que j'étais autorisée à suivre me permettait de traverser un certain nombre de dépôts, de formations sanitaires et de camps des armées britanniques. Le spectacle que présentaient, en pleine guerre, ces établissements militaires, était des plus intéressants.

Quelques semaines après ma visite du mois de mars 1915, je revins dans mon hôpital, au début de juin, puis au mois d'août, enfin dans les derniers jours du mois d'octobre de la même année; mais je ne fis alors qu'un séjour très bref dans ma maison.

En 1916, je séjournai à Berck du 12 au 17 mars, ensuite, dans la dernière semaine d'avril, puis du 1er au 20 août, et du 31 octobre au 5 novembre.

*
* *

Dans mes rapports avec les blessés, j'avais résolu d'employer à Berck la méthode qui m'avait donné de si bons résultats à Gouvieux.

Chaque jour, j'allais visiter les soldats et m'entretenir avec eux. Sachant bien que ces braves gens étaient préoccupés surtout du sort de leurs familles, des parents, femme et enfants qu'ils avaient laissés dans leurs lointaines provinces, je m'informais avec intérêt de ces êtres qui leur étaient si chers. Les pauvres soldats étaient heureux de me faire leurs confidences, de m'entretenir de leurs espérances, de me faire part de leurs désirs. Ce qu'ils souhaitaient par dessus tout, c'était de revoir, ne fût-ce que pendant quelques jours, leurs parents, leur femme et leurs enfants. Un jour, par l'intermédiaire du secrétaire, M. Mouillez, je fis savoir à mes blessés que je les autorisais à faire venir leurs parents à Berck, et que je serais heureuse de prendre à ma charge les frais de déplacement et de séjour de ces visiteurs. Je renonce à décrire la joie de ces pauvres soldats, quand leur fut annoncée cette bonne nouvelle. De leurs poitrines jaillit ce cri spontané : « Vive Madame la Baronne ! ». Je dirai sans fausse modestie que je savourai, non sans émotion, cette popularité si nouvelle pour moi. Ces braves gens étaient si heureux, que leur joie me faisait plus de plaisir encore que la façon exubérante dont ils l'avaient exprimée. En exécution de ma promesse, je fis venir à Berck les familles de mes hôtes, et je les installai à mes frais dans la ville. Ces pauvres gens avaient toute facilité pour passer des journées entières auprès des blessés :

ceux-ci se sentaient réconfortés par ces visites, et ils supportaient ensuite leurs souffrances avec plus de résignation et de courage.

*
* *

On me signala un jour un blessé qui, avant la mobilisation, cultivait en Bretagne les terres d'une petite ferme, et assurait par son travail opiniâtre l'existence de sa femme et de ses enfants. Le malheureux avait dû subir l'amputation d'un bras. Depuis cette douloureuse opération, il ne cessait de se lamenter sur le triste avenir qui lui paraissait réservé, ainsi qu'à sa famille, dont le sort le préoccupait par dessus tout. Comment pourrait-il désormais subvenir aux besoins des êtres qui lui étaient si chers ?

Accablé de chagrin, il se décida une fois à me faire part de sa profonde inquiétude. « Prenez courage, lui-dis-je, nous allons d'abord vous soigner de notre mieux. Et plus tard, quand vous serez rentré au pays, si vos embarras deviennent trop grands, vous m'écrirez : à nous deux, nous trouverons bien le moyen de rendre moins difficile votre existence et celle de votre petite famille. » Ces paroles réconfortèrent le pauvre blessé. Un peu rassuré sur l'avenir des siens, il retrouva le calme qui l'avait depuis longtemps abandonné. Les forces physiques revinrent en même temps que s'atténuait l'inquiétude ; et j'ai eu, depuis, la satisfaction d'apprendre que ce brave paysan avait pu trouver dans son pays des occupations qui le mettaient, lui et les siens, à l'abri de la misère. Toutes les personnes qui ont soigné des blessés de guerre, savent que le réconfort moral était souvent aussi efficace pour ces malheureux que les soins matériels les plus assidus.

Ainsi que je le faisais à Gouvieux, je saisissais toutes les occasions d'offrir à mes hôtes de modestes distractions, qui leur faisaient oublier, au moins pour quelque temps, la triste situation dans laquelle ils se trouvaient. A ceux d'entre eux qui ne pouvaient pas marcher, je faisais faire, avec le consentement du médecin, des promenades en voitures.

De temps à autre, notamment lorsque quelques-uns d'entre eux quittaient l'hôpital, je leur distribuais moi-même de petits souvenirs : stylos, portefeuilles, couteaux, pipes, blagues à tabac, etc... Les soldats sont de grands enfants et ces menus cadeaux leur causaient une véritable joie.

Je me souviens d'un jeune soldat de l'arme du génie, qui, sur le point de nous quitter, me pria de lui donner un réveil. Il semblait tout confus de sa demande, comme si l'objet qu'il désirait eût eu une valeur exceptionnelle. Je m'empressai de satisfaire à son désir; je lui apportai le cadeau tant souhaité. En le recevant, ce brave garçon, sous le coup d'une émotion qu'il ne parvenait pas à maîtriser, put à peine balbutier un vague remerciement ; puis, brusquement, il se mit à pleurer, tant étaient grandes sa joie et sa reconnaissance. Rentré dans ses foyers, il m'a écrit pour me remercier encore, et me dire qu'il avait installé à la place d'honneur, dans sa maison, le réveil qui lui rappelait de chers souvenirs.

*
* *

Chaque fois qu'un de mes blessés recevait, soit la médaille militaire, soit la croix de guerre, j'organisais une petite fête intime. Nous nous réunissions dans une grande salle de l'hôpital. J'offrais mes félicitations aux nouveaux décorés, j'exhortais leurs camarades à la patience ; et les soldats, à leur tour, me présentaient un compliment et, souvent, un bouquet ou un vase de fleurs, pour me remercier du bon accueil qu'ils trouvaient chez moi, et de la sympathie que je leur témoignais. Une douzaine de fois, nous eûmes le plaisir de nous réunir ainsi, pour des remises de croix de guerre ou de médailles militaires.

*
* *

C'était encore pour nous un jour de fête, quand nous recevions la visite, soit d'officiers supérieurs et généraux du Service de Santé, qui venaient inspecter l'hôpital, soit des notabilités qui s'intéressaient aux blessés de guerre et leur apportaient des paroles de réconfort. Ainsi, le 18 octobre 1915, Mgr Julien, l'éminent évêque d'Arras, vint visiter l'hôpital. A cette date, j'étais malheureusement loin de Berck. Après s'être entretenu paternellement avec les soldats, l'évêque voulut bien accepter une coupe de champagne, qu'il but à la santé des blessés et à la mienne, en exprimant le regret que lui causait mon absence. En partant, Monseigneur m'adressa de vives félicitations et des remerciements dont je fus très touchée. Il se déclara émerveillé de la belle situation de l'hôpital, en bordure de la mer, de l'ordre parfait qui régnait dans la maison, et du bien-être dont jouissaient les blessés.

*
* *

Dans maintes circonstances, ces braves gens témoignèrent la satisfaction, je dirai presque la joie, qu'ils éprouvaient d'être soignés chez moi. Ainsi, un soldat qui avait été traité dans mon hôpital fut, quelque temps après nous avoir quittées, ramené à Berck pour soigner une nouvelle blessure. Arrivé à la gare il apprend qu'on va le diriger sur une formation autre que la mienne. Notre homme se débat, crie, tempête, et fait si bien, qu'on le ramène dans son cher hôpital 22 *bis*.

IX

Mort de M. Tattegrain.
L'Asile maritime de Berck.

Au mois de janvier 1915, j'eus la douleur de perdre un de mes plus anciens amis, M. Francis Tattegrain, qui présidait le Conseil d'administration de l'Asile maritime de Berck.

Les membres du Conseil voulurent bien m'appeler aux délicates fonctions de la présidence, en remplacement de l'homme dévoué que l'Asile venait de perdre. Je les acceptai en mémoire du défunt, avec l'espoir qu'en m'inspirant de son souvenir et de son exemple, j'aurais peut-être le bonheur de rendre quelques services à mes chers concitoyens. Les occasions de leur être utile ne tardèrent pas à s'offrir à moi.

Depuis bien des années, la ville de Berck envoyait un certain nombre de ses malades à l'hôpital de Montreuil-sur-Mer. Mais, pendant la guerre, cet hôpital fut militarisé, et il lui fut impossible de recevoir nos malades berckois. Je me décidai alors à proposer au Conseil d'administration de l'Asile maritime de recevoir dans cette maison, pendant toute la durée de la guerre, les malades de Berck, à la condition toutefois qu'ils ne fussent pas atteints de maladies contagieuses, car l'asile ne possédait pas de salles spéciales d'isolement.

Ma proposition fut agréée, et je m'empressai d'ordonner certains travaux indispensables, qui devaient en faciliter l'application. Il devenait nécessaire, en effet, de surélever des plafonds et une partie de la toiture, afin d'augmenter le cube d'air et d'installer, au besoin, des lits supplémentaires. Nous pûmes, grâce à ces améliorations, hospitaliser quatorze malades ou pensionnaires nouveaux.

Pendant les hostilités, nous reçûmes fréquemment des malades évacués des régions envahies par l'ennemi. Presque journellement, le chemin de fer amenait à Berck des convois entiers de malades, qu'il nous fallait répartir et installer dans les locaux dont nous pouvions disposer. Nous pûmes hospitaliser assez rapidement les évacués valides chez les habitants ou dans les maisons de santé de Berck qui disposaient encore de places libres. Mais la difficulté devenait presque insurmontable quand il s'agissait de placer des infirmes ou des gâteux dans des maisons qui n'étaient pas aménagées pour les recevoir. Je me souviens que, le 21 avril 1915, vers dix heures du soir, arriva à Berck un convoi que nous envoyaient les hospices de Lille. Il comptait vingt-cinq femmes malades ou atteintes d'infirmités graves. Que pouvait-on faire de ces malheureuses, qui étaient entassées sur des camions, et à qui la souffrance arrachait des plaintes déchirantes ? Plusieurs d'entre elles étaient en danger de mort ; une succomba vers une heure du matin, une autre quelques heures plus tard.

Une solution immédiate s'imposait : la commission administrative de l'Asile maritime se réunit d'urgence, et décida d'installer ces pauvres femmes dans un dortoir situé au-dessus du réfec–

toire des hommes. La Commission voulut bien me soumettre sa décision ; je l'approuvai pleinement, et je pris, de mon côté, des dispositions pour que mon dispensaire assurât le service médical et les remèdes nécessaires à ces pauvres malades.

*
* *

Pendant les premières années de la guerre (1914-1916), la plus grande activité régna dans la maison. Les journées d'hospitalisation s'élevèrent à 3.616 pour 1914 ; à 13.117 pour 1915 ; puis à 11.852 pour 1916 ; au total 28.585 pour cette courte période.

*
* *

Je ne saurais trop louer la science et le dévouement dont firent preuve les médecins et les infirmières qui, chez moi, prodiguèrent leurs soins aux blessés. Grâce à leur zèle, beaucoup de soldats recouvrèrent la santé, et même l'usage de membres qu'on aurait pu croire perdus à la suite d'affreuses blessures.

*
* *

Je veux louer aussi le bon esprit qui ne cessa d'animer nos hôtes, et l'excellente discipline qu'ils observèrent sans la moindre résistance. Leur soumission était si complète, que les punitions furent toujours très rares. A peine signalait-on quelques petites infractions aux règlements, telles que des rentrées tardives de blessés autorisés à sortir en ville.

Un jour le médecin chef de la place punit un sergent et un soldat pour une faute, d'ailleurs légère, qui ne leur était pas imputable. A la suite d'explications données spontanément par l'officier gestionnaire, la punition fut levée.

Un soir, j'étais venue, vers cinq heures, assister au dîner des soldats. Je m'aperçus qu'une place, à la table commune, restait inoccupée. Un blessé, qui était sorti pendant l'après-midi, n'était pas encore revenu, bien que l'heure fixée par le règlement pour la rentrée des permissionnaires fût, depuis assez longtemps, sonnée. Enfin, le retardataire se présenta et, pour s'excuser, me raconta qu'il avait rencontré un « pays » avec qui il avait « causé » plus longtemps qu'il n'aurait dû faire. Le pauvre soldat était si confus de cette faute, après tout légère, que je ne songeai pas à lui adresser le moindre reproche. — « Tenez », lui dis-je en lui tendant un paquet de cigarettes, « si, demain, vous rencontrez encore votre camarade, vous les fumerez avec lui ». Après cet incident, je n'eus plus une seule observation à adresser à mes hôtes pour retard à l'heure des repas. Sans recourir aux punitions ni aux menaces, je leur avais fait comprendre que cette infraction aux règlements me contrariait, et tous eurent à cœur de ne me donner aucun motif de mécontentement à ce sujet.

*
* *

Une excellente camaraderie existait entre nos hôtes, et les actes de violence étaient, pour ainsi dire, inconnus.

Un jour, cependant, au cours d'une discussion un peu vive, un « joyeux » menaça de son couteau un de ses camarades. Mais l'officier gestionnaire, aussitôt averti, n'eut qu'à se montrer, et l'ordre fut immédiatement rétabli.

Une fois, à l'issue d'un repas, un blessé, qui avait subi la trépanation, fut pris, à la suite d'une légère observation que je lui avais faite, d'une sorte d'accès de folie. Il se leva brusquement de sa place, et fit mine de s'élancer vers la mer. Je lui barrai le passage, et, lui saisissant la main, je lui dis avec douceur : « Voyons, mon ami, n'ai-je pas le droit de vous faire une petite observation? Vous savez quel intérêt je vous porte à tous ; je n'ai en vue que votre bien. Calmez-vous ». Mes paroles firent revenir à la raison cet homme, qui, les yeux pleins de larmes, me demanda pardon pour cet accès de violence, et me remercia de la bonté que je lui témoignais.

*
* *

Parfois, une scène plaisante venait jeter un peu de gaîté parmi les blessés. Un jour, une infirmière, en pénétrant à l'improviste dans un dortoir, remarqua que les soldats souriaient entre eux d'un air mystérieux, en regardant un lit où reposait un robuste Alsacien, qui relevait d'une fièvre typhoïde. Intriguée, elle s'approche du malade, soulève le couvre-lit, et découvre, soigneusement cachée, une boîte qui contenait du beurre, du saucisson et autres victuailles du même genre, qui ne convenaient guère à l'état de santé de leur possesseur. Et comme l'infirmière adressait à celui-ci des observations : « Ça vient de cheu nous » ! répondit avec conviction le délinquant. Tous les soldats rirent de bon cœur de la répartie, et aussi de la mine déconfite de l'Alsacien. Les victuailles furent confisquées ; mais, quelque temps après, comme le malade était en pleine voie de guérison, elles furent restituées à leur propriétaire, sur avis conforme du médecin.

X

L'hôpital de Berck de 1917 a 1919.

Dans cette dernière période des hostilités, j'eus la satisfaction de résider à Berck pendant quelques jours des mois d'avril et d'août 1917. Je pus revenir dans mon hôpital au commencement de l'hiver, dans le courant du mois de novembre 1917. L'année suivante, mes voyages à Bordeaux et à Fréteval me tinrent éloignée. Je fis mes dernières visites aux blessés de Berck en novembre 1918, puis du 31 janvier au 5 février 1919.

*
* *

Je mettais mes séjours à profit non seulement pour exercer sur l'hôpital et sur le dispensaire une exacte surveillance, mais encore pour rechercher quelles améliorations je pourrais apporter à l'organisation de ces maisons, afin d'augmenter le bien-être des blessés. Parfois, je me rendais dans quelques localités voisines de Berck, pour visiter certaines formations sanitaires. Ainsi, j'allai une fois à Étaples, où se trouvait le grand dépôt des malades et blessés britanniques. Grâce à l'obligeance du médecin-chef, je pus visiter ce vaste établissement, où les soldats, logés dans des baraquements très propres, au milieu de jardinets fleuris, étaient fort bien traités. De nombreux malades étaient couchés en plein air, les lits ayant été tirés devant les portes des baraques.

A son tour, le médecin anglais vint visiter mon hôpital à Berck ; il le trouva très bien tenu, et il en fit un grand éloge.

*
* *

De 1917 à 1919, l'activité ne fut pas moindre à l'hôpital 22 *bis* que dans la période précédente. Les journées d'hospitalisation furent au nombre de 8.652 en 1917; de 5.224 en 1918 ; de 829 en 1919 ; au total : 14.705.

A chacune de mes visites, je constatai que

les blessés étaient toujours fort nombreux chez moi.

*
* *

Dans une grande salle spécialement aménagée, j'avais fait établir un « foyer du soldat » où mes hôtes se réunissaient avec plaisir. Chaque jour, j'allais les voir et causer avec eux. Je leur apportais des journaux, des livres, des friandises, qu'ils recevaient avec joie. J'étais heureuse de voir ces pauvres gens retrouver le calme après tant d'orages, et occuper leurs loisirs à jouer aux cartes, à lire et à causer paisiblement entre eux.

*
* *

Les convois de blessés continuaient à arriver régulièrement à Berck, et ceux qui m'étaient destinés étaient conduits directement dans mon hôpital.

Suivant la règle que je m'étais fixée, j'assistais, dès leur arrivée, aux premiers pansements. Je veillais à l'installation des nouveaux venus.

Je m'assurais par moi-même que tous étaient bien traités et qu'on ne négligeait rien de ce qui pouvait contribuer à leur bien-être et faciliter leur convalescence.

Aussi, les journées me semblaient-elles passer bien rapides, tant étaient nombreuses les occupations que m'imposaient la direction et la surveillance de l'hôpital.

Les soirées étaient plus pénibles, car les Allemands, qui savaient que les formations sanitaires étaient nombreuses dans cette région, opérèrent par avions, surtout en 1918, d'incessants bombardements nocturnes. C'est ainsi que, non loin de Berck, Étaples fut bombardée à plusieurs reprises.

Dans mon hôpital, nous prenions les précautions les plus minutieuses, pour préserver nos blessés des attaques de l'ennemi. Des rideaux très épais, de couleur foncée, obstruaient toutes les fenêtres, masquaient les lumières et maintenaient les bâtiments dans une complète obscurité. Nous n'eûmes pas, heureusement, d'accidents graves à déplorer.

*
* *

Chaque fois que l'occasion se présentait, j'offrais aux soldats, comme par le passé, quelques récréations et de petites fêtes intimes. Nous fêtions tout particulièrement les visites que nous rendaient assez fréquemment des officiers du Service de Santé. Nous étions toutes, les infirmières et moi, très sensibles aux témoignages de satisfaction que nous recevions pour la bonne tenue matérielle et morale de l'hôpital.

*
* *

Un jour, ma directrice me pria d'entrer dans le réfectoire des soldats. Ceux-ci m'avaient préparé une petite surprise. Au milieu de la pièce, ils avaient placé une table, et tout auprès, un fauteuil. Je m'assis, et les soldats se rangèrent en cercle autour de la table. Ils me présentèrent des photographies, qui représentaient les blessés dans les diverses salles de l'hôpital ; puis ils m'offrirent des fleurs et m'adressèrent un compliment avec un tact parfait, ils avaient su trouver des mots qui me prouvaient toute l'étendue de leur reconnaissance, et qui m'allèrent droit au cœur. Je les quittai fort émue de cette manifestation de gratitude et de sympathie.

Peu de temps après, je reçus avec les photographies des blessés la lettre suivante :

HÔPITAL NATHANIEL DE ROTHSCHILD,

Berck-Plage, 8 novembre 1917.

A Madame la Baronne James de Rothschild,
à Paris.

Madame, quelques photographies des blessés actuellement ici ont été prises ce matin. L'idée est excellente, car, lorsque ces photographies vous parviendront, vous pourrez constater qu'à l'exception de quelques-uns de nos camarades, malheureusement retenus au lit, nous avons tous de très bonnes mines.

Nous le devons, Madame, aux soins incessants que nous avons reçus ici, aux attentions toujours en éveil de l'aimable et empressé personnel de votre hôpital, à une nourriture réconfortante et parfaite, au grand air et au calme que nous goûtons à la terrasse. Nous le devons aussi et surtout, Madame, à vous-même, qui nous avez offert une si entière et généreuse hospitalité, et procuré un réconfort aussi complet.

Aussi, à la veille du départ de quelques-uns de nous, nous faisons-nous un devoir de vous exprimer de tout cœur notre gratitude, en vous offrant, Madame, nos respectueux hommages.

(Suivent les signatures)

XI

Clôture de l'hôpital de Berck (mars 1919).

L'hôpital bénévole 22 *bis*, qui avait commencé à recevoir des blessés au mois d'octobre 1914, fut fermé le 9 mars 1919. Il avait reçu et soigné 1.076 blessés militaires. Les journées d'hospitalisation s'élevaient à 43.290.

*
* *

Ce fut avec un profond regret que je vis partir l'un après l'autre mes chers blessés, qui, pendant plus de quatre années, ne m'avaient jamais causé le moindre souci, et qui avaient su reconnaître par leur bonne conduite les soins dévoués qu'ils avaient reçus chez moi.

Je suis restée en relations avec un très grand nombre d'entre eux, qui ont bien voulu, une fois la guerre finie, me tenir au courant de leur existence, m'annoncer leur mariage, la naissance d'un enfant... J'ai été heureuse de pouvoir parfois rendre service à quelques-uns d'entre eux, en les recommandant pour l'obtention d'un emploi, ou en leur procurant moi-même une place avantageuse. Dans leurs lettres, ils continuent à m'exprimer leur gratitude, même dans des termes, qui, souvent, blesseraient ma modestie, si je ne me rappelais combien mes bonnes collaboratrices furent dévouées pour ces braves soldats, dont la reconnaissance s'applique à elles autant qu'à moi-même.

« *Berck*, m'écrivit, à la fin de la guerre, un de nos anciens hôtes, *Berck est un nom qui éveille en moi de bien bons souvenirs. J'ai garde d'oublier de sitôt, Madame la Baronne, les soins délicats reçus dans votre cher hôpital. Je me souviendrai longtemps et toujours de la sympathie et de la considération dont j'y fus l'objet. Sans doute, au cours de cette guerre, une plume plus experte, une voix plus autorisée, vous a dit maintes fois l'impression profonde que l'on emporte de chez vous. Néanmoins, permettez-moi d'ajouter qu'il n'y a pas de cœur qui ait mieux senti que le mien, plus admiré votre sollicitude quasi maternelle, votre bonté toujours en éveil, votre générosité aussi ingénieuse qu'inépuisable. Aussi mon cœur gardera-t-il intact et impérissable votre bon souvenir, en même temps que le souvenir de vos bontés, de vos largesses pour les déshérités de la vie, pour tous ceux qui souffrent ou qui pleurent ici-bas. Veuillez agréer, Madame la Baronne, pour tous les bienfaits dont je vous suis redevable, l'assurance de ma vive gratitude et de mon profond respect.* »

*
* *

Je suis toujours satisfaite d'apprendre que ces victimes héroïques de la guerre, qui m'ont laissé de si bons souvenirs, se rappellent avec contentement leur séjour dans mon hôpital ou mon dispensaire de Berck-sur-Mer.

CONCLUSION

DÉDICACES

Pendant la grande guerre, je me suis trouvée en rapport avec des centaines de soldats qui étaient originaires de toutes les régions, si variées, de la France, et qui avaient vécu, avant de prendre les armes, dans les conditions sociales les plus diverses.

J'ai été maintes fois surprise de constater que, malgré les raisons nombreuses qui auraient pu faire ces hommes si différents les uns des autres, ils offraient, au point de vue moral, une sorte d'uniformité frappante, comme si tous n'avaient eu qu'un seul cœur, une même âme.

Chez tous ces braves, même chez ceux qui étaient atteints des plus affreuses blessures, on rencontrait la même résignation à supporter les épreuves les plus cruelles, le même calme en présence de la fatale destinée. Ils ne se plaignaient pas des coups qui les avaient frappés. On eût dit qu'ils mettaient leur honneur à offrir à la patrie l'hommage silencieux de leur souffrance. Leur principal souci était de savoir ce que faisaient les camarades restés là-bas, sur le front, et s'ils tenaient bon devant les Boches. Leur grand espoir était qu' « on les aurait », ces ennemis implacables et détestés, et que bientôt la France serait délivrée.

Tous, également modestes, évitaient de parler de leurs faits d'armes, de la bravoure dont ils avaient donné tant de preuves, des citations et des récompenses que leur valeur avait méritées. On sentait que ces hommes estimaient qu'étant soldats, ils avaient l'obligation naturelle d'être braves, et qu'ils considéraient comme le plus simple des devoirs de sacrifier à la patrie tout, même leur vie.

L'amour de la France, la fierté stoïque de souffrir pour elle, tels étaient les sentiments qui, chez la plupart des blessés que j'ai vus, l'emportaient sur tous les autres. Braves petits soldats ! On pouvait dire d'eux ce que Napoléon disait en 1813, de sa jeune garde, victorieuse des Prussiens : « Mes jeunes soldats ! l'honneur leur sortait par tous les pores ! »

J'ajouterai que tous ces hommes, nés pour la plupart dans les rangs du peuple, avaient des âmes nobles et généreuses. La noblesse de leurs sentiments se manifestait de bien des façons touchantes, notamment par la reconnaissance affectueuse qu'ils témoignaient aux personnes qui les soignaient et qui s'intéressaient à eux. Je conserve avec un soin pieux de nombreuses lettres que m'ont adressées des blessés qui avaient été soignés dans l'un ou l'autre de mes hôpitaux. Sous des formes souvent naïves, elles sont imprégnées de cette éloquence qui est la plus émouvante et la meilleure de toutes : l'éloquence qui vient du cœur.

*
* *

Au chevet des blessés, c'est encore un sentiment uniforme que l'on observait chez ces médecins et ces infirmières dont on ne louera jamais assez l'abnégation et le dévouement. Se consacrer corps et âme aux soins des blessés, souffrir, et au besoin mourir pour les sauver, tel était le mot d'ordre auquel obéissait, sans la moindre hésitation, cette autre armée, vouée à la science et à la charité, qu'animaient un patriotisme ardent et le sentiment le plus profond de la solidarité humaine.

*
* *

Certes, la guerre, trop souvent réveille chez certains hommes et chez certains peuples des fureurs bestiales qu'on pourrait croire depuis longtemps assoupies et même abolies, grâce aux progrès de la civilisation. Les atrocités commises par les Allemands pendant la grande guerre resteront, aux yeux de la postérité, la manifestation la plus saisissante et la plus violente de ce retour brutal à la barbarie.

Mais la guerre peut aussi susciter, chez certains individus et dans certaines nations, des élans admirables de vertus civiques. L'antiquité a justement célébré les héroïques défenseurs de la Grèce envahie. Le monde moderne n'aura pas moins d'admiration pour les soldats qui, dans cette guerre, ont combattu pour sauver, en même temps que la France, leur patrie, le droit, la liberté et la civilisation.

*
* *

Aux héros qui ont lutté si vaillamment sur le front, aux blessés, qui ont glorieusement souffert dans les ambulances et les hôpitaux, aux médecins, aux infirmières et aux religieuses qui ont prodigué les trésors de leur science et de leur charité, je dédie ces pages, témoignage bien modeste de ma reconnaissance et de mon admiration.

Je tiens à dédier aussi ce petit livre à mes chers enfants, qui, durant ces pénibles années de guerre, m'ont entourée de soins et d'affection, et se sont associés de tout cœur à mes œuvres.

A mon fils, le docteur Henri de Rothschild, qui soigna avec dévouement, dès les premiers jours de la guerre, les malades et les soldats blessés, qui se consacra particulièrement aux brûlés, contribua grandement par son action personnelle à perfectionner et à répandre aux armées un traitement nouveau des brûlures, et rendit ainsi d'inappréciables services.

A ma fille, la Baronne Jeanne Leonino qui, dès notre retour de Chantilly à Paris, reprit à la Maternité l'œuvre charitable à laquelle elle s'était dévouée depuis plusieurs années, s'occupa avec zèle des femmes en couches et de leurs nourrissons, mit à leur service toutes les ressources d'une charité ingénieuse et d'une bonne volonté inlassable, ne se laissant distraire de sa tâche ni par la fatigue, ni même par le danger que pouvaient présenter alors des visites quotidiennes dans certains quartiers de Paris et dans les établissements qui furent, à plusieurs reprises, victimes des bombardements sauvages opérés par les avions et les gros canons allemands.

Je vous dédie, mes chers enfants, ce modeste ouvrage, dans l'espoir que vous le lirez avec intérêt, et que vous y trouverez encore vivant le souvenir des émotions que nous avons éprouvées en commun dans ces temps tragiques.

Je serai satisfaite si, de cette lecture, se dégage pour vous cette utile leçon, que la fortune impose à ceux qu'on appelle les heureux de ce monde des obligations impérieuses de justice sociale et de charité à l'égard des malheureux qui souffrent et qui ont besoin de notre assistance fraternelle.

C'est ce principe qui inspira la vie si brève et si bien remplie de votre cher père, feu le baron James.

C'est à cette même règle que s'est efforcée de se conformer, en toutes circonstances,

Votre mère affectionnée,

Thérèse James de Rothschild

TABLE DES CHAPITRES

DEUXIÈME PARTIE

LES BLESSÉS MILITAIRES DANS MON HÔPITAL DE BERCK-SUR-MER. MES VISITES A BERCK.

ACHEVÉ D'IMPRIMER LE
TRENTE JUILLET MIL NEUF
CENT VINGT-SEPT, PAR
PROTAT FRÈRES A MACON.

www.ingramcontent.com/pod-product-compliance
Ingram Content Group UK Ltd.
Pitfield, Milton Keynes, MK11 3LW, UK
UKHW021828190726
13853UKWH00003B/1248